那些朋友，那些书
——忆巴金

李树德 著

四川文艺出版社

图书在版编目（CIP）数据

那些朋友，那些书：忆巴金 / 李树德著. — 成都：四川文艺出版社，2019.1
ISBN 978-7-5411-4981-8

Ⅰ.①那… Ⅱ.①李… Ⅲ.①巴金（1904-2005）—回忆录 Ⅳ.①K825.6

中国版本图书馆CIP数据核字（2018）第240201号

NAXIE PENGYOU,NAXIE SHU-----YI BAJIN
那些朋友，那些书——忆巴金
李树德 著

策　划	周立民　陈　武
责任编辑	封　龙　燕啸波
责任校对	汪　平
装帧设计	孙豫苏
责任印制	唐　茵
出版发行	四川文艺出版社（成都市槐树街2号）
网　　址	www.scwys.com
电　　话	028-86259285（发行部）　028-86259303（编辑部）
传　　真	028-86259306
邮购地址	成都市槐树街2号四川文艺出版社邮购部　610031
印　　刷	天津兴湘印务有限公司
成品尺寸	130mm×205mm　1/32
印　　张	7.25　　　　　　　字　数　130千
版　　次	2019年1月第一版　印　次　2019年1月第一次印刷
书　　号	ISBN 978-7-5411-4981-8
定　　价	28.00元

版权所有·侵权必究。如有质量问题，请与出版社联系更换。028-86259301

目 录

上 篇

巴金与索非 …………………………………… 003

对巴金人格发展有很大帮助的人 …………… 009
　　——记巴金与卫惠林的友谊

被巴金称为"耶稣"的叶非英 ……………… 019

巴金与吴克刚 ………………………………… 030

巴金与陈范予 ………………………………… 048

巴金与缪崇群 ………………………………… 060

巴金与乡土文学作家王鲁彦 ………………… 076

两个理想主义者的友谊 ……………………… 089
　　——巴金与卢剑波

文学家与科学家的友谊 ……………………… 104
　　——巴金与朱洗

道义之交的典范 ……………………………… 118
　　——巴金与陆蠡

两星交辉更璀璨·················· 127
  ——巴金与胡愈之
巴金和他的"小老弟"单复·············· 135
真水无香······················ 140
  ——巴金与文学青年苏阿芒
与小说《灭亡》有关的三个人············ 152

下 篇

也谈巴金《点滴》的版本·············· 165
巴金《海行杂记》桂林版本············· 168
《春天里的秋天》的"东南版"············ 171
巴金译作《秋天里的春天》版本谈·········· 175
巴金的抗争:《萌芽》——《煤》——《雪》····· 179
汉英对照《巴金短篇小说选》············ 183
巴金自称不是"创作"的《利娜》·········· 187
十本可爱的小书··················· 190
  ——关于《翻译小文库》
巴金编《羽书》的两则趣闻············· 199
《巴金全集》中的两个错误············· 204
巴金小说的修辞美················· 207
  ——以《春天里的秋天》中的明喻为例

后　记······················ 221

上 篇

巴金与索非

1927年2月,在寒冷的法国巴黎拉丁区的一家小旅馆里,住着一位来自中国四川的青年李尧棠。他每天照例去附近的卢森堡公园散步,晚上到学校去补习法文。其他时间就把自己关在充满了煤气和洋葱味的小屋里,夜里听着从圣母院传来的沉重而悲哀的钟声。他远离故乡,远离亲人,远离那些与他有着同样"安那其主义"信仰的同志们,来到异国他乡。他感到无比的孤独和寂寞,同时心底燃烧着理想和激情。为了安慰自己孤独的心,发泄胸中的苦闷和压抑,就在练习簿上写一些类似小说的东西,不到半年的时间,一部名为《灭亡》的小说诞生了。

八月初,他把《灭亡》的全稿整理好并抄写在五个硬纸面的练习本上,加上自序和题词"献给我的哥哥",寄给了正在上海开明书店工作的朋友索非,并且第一次使用"巴金"作为笔名。他原想用自己翻译高德曼的

《近代戏剧论》的稿费来自费印行此书。索非收到《灭亡》书稿后，并未按照巴金的计划去为他自费排印，而是把它交给了正在为《小说月报》做编辑的叶圣陶。叶圣陶一见此稿，便马上决定在自己主编的《小说月报》上连载，《小说月报》是一份历史悠久、行销广泛、影响巨大的文学刊物。《灭亡》的发表引起轰动，巴金从此走上了文学之路。巴金后来说，如果没有《灭亡》的发表，他恐怕也不会走上文学之路。

索非这名字初听起来有点西洋味，但这确是他的真名，他本姓周。与一般人不同，他对自己祖宗传下来的姓，一点也不在乎。当他第一个孩子出生时，他就把祖姓"周"置之一旁，给刚出生的儿子取名"鞠躬"。他说："我们这家人，都不必沿用祖姓了，为的是让我们的后代都能做一个对国家有用的人，为我们这个民族鞠躬尽瘁，死而后已。"现在知道索非的人恐怕不多了，一些现代文学辞典，大多没有收录他的生平事迹。

巴金是通过胡愈之的介绍认识索非的，此前他们虽有接触，但没有晤面。索非生于1899年，比巴金大五岁，安徽绩溪人。早年从事无政府主义宣传活动，任无政府主义刊物《微明》半月刊主编。1925年他与真恒、健民、蒂甘、惠林、一波、剑波、抱朴等人发起组织无政府主义团体"民众社"，出版《民众》半月刊，标榜民众的学术、民众的教育，"站在民众中间"，内容都是宣传无政府主义的。他还曾在北京《国风日报》任副刊编辑。1927年到上海，他是开明书店早期员工，主要负责印刷、出版、发行诸事，后来成为开明书店的高级职员。

1928年12月，巴金从法国回到上海，与索非第一次见面。当时，巴金还没有找到住处，索非就邀请巴金暂时住在宝山路鸿兴坊75号上海世界语学会会所。索非除了在上海开明书店工作外，还兼任上海世界语学会理事。巴金住进来后，就协助索非搞世界语宣传，编辑学会会刊《绿光》。索非还介绍巴金加入上海世界语学会，并担任上海世界语函授学校的教师。后来，巴金当选为上海世界语学会理事、常务理事，任期到1932年。不久，巴金迁居宝山路宝光里14号，与索非住在同一栋小楼里。索非结婚后，住在楼上，巴金单身住在楼下。

巴金每天过着看书、写作的生活。他不喜欢交际，不愿同陌生人打交道。许多报刊编辑常常通过索非向巴金约稿。巴金常将写好的稿件交给索非，请他带去交给别的编辑朋友。巴金写作常常通宵达旦，至天亮才搁笔去睡觉。索非则在清晨上班前，到巴金屋里的桌子上把刚写完的稿件带走。巴金在这里一直住到1932年1月下旬离开，一共住了三年。在这里他创作了《家》《雾》《新生》（第一稿），翻译了《秋天里的春天》等作品。

巴金尊敬、信赖索非，索非也很欣赏巴金的创作才能，喜爱巴金的作品，多次协助出版巴金的作品。通过索非，巴金还结识了许多当时在上海的文化名人。在宝光里索非家里，巴金结识了翻译家马宗融，后来又见到马的未婚妻罗世弥（罗淑），并与他们建立了终生的友谊。巴金不认识施蛰存，投给《现代》的稿子，就是通过索非转交的，在《现代》的创刊号上，刊出了巴金的小说《海底梦》。当巴金翻译完克鲁泡特金的《我的自传》后，是托索非请丰子恺先生题写的书名。1929年巴金从世界语转译了日本作家秋田雨雀的《骷髅的跳舞》（包括《国境之夜》《骷髅的跳舞》和《首陀罗人的喷泉》三个剧本），就是由索非推荐，于1930年3月在开明书店出版的；另外，巴金翻译的阿·托尔斯泰的《丹东之死》以及《巴金短篇小说》第一集和第二集，也都是由索非介绍，在开明书店出版发行的。由于索非的关系，巴金也和开明书店建立了良好的关系，他称赞开明书店"有两点我非常欣赏"：一是以平等的态度对待作者；二是勤勤恳恳认真出书。所以巴金一直把开明书店看作忠实的朋友。

索非的精明能干被国民党派往台湾分管教育的范寿康看中了。1946年的一天，范寿康来到索非家里，劝说索非去做他在台北书店的负责人。于是，索非告别了他曾眷恋、生活过的上海，告别了巴金等友人，赴台湾寻求发展。他先后在台北开明书店、台湾书店工作，后又开办友信书房。索非去了台湾以后就再也没有回来过，巴金再也没有和他见过面。索非于1988年11月9日病逝于台湾，享年八十九岁。

对友人索非的帮助，巴金始终念念不忘。他们的友谊，在索非子女的身上得以延续。索非的儿子鞠躬，是1929年出生的，当时索非刚好在上班，是巴金把鞠躬的母亲（姚鞠馨）及时送往医院，母子才得以平安。20世纪80年代，叶永烈先生编《中国科学小品选》（三卷本）时，收入了索非的文章，并通过他在上海的女儿让他的儿子鞠躬写了一篇《我的父亲索非》的文章，收入书中。巴金得知此事，为《我的父亲索非》一文题字，使《中国科学小品选》增色不少。鞠躬是第四军医大学的教授、博导，1991年当选为中科院院士。2003年巴金百岁（虚岁）诞辰，鞠躬发去贺信，信里专门提到此事，表示感谢。索非还有一个女儿叫沉沦，原来在上海电影制片厂工作，她常去看望巴金，在巴金住院期间，她还做了可口的饭菜送到巴金的病房。她于1994年患病去世。1992年3月16日，巴金在致世界语诗人石成泰的信中，再次提到索非，并对他的生平事迹作了简要的介绍。

最后，值得一提的是，索非在医学知识的普及方面做过很大的贡献。他曾经说过"要学医才能救国"。在开明书店工作期间，他坚持自习医学，还利用业余时间，为平民百姓医治一些常见病。为了提高民众的健康水平，他大力普及医学知识，并且身体力行，将深奥的专业医学知识写成通俗易懂的故事,先后结集出版了《人体科学谈屑》《孩子们的灾难》《人与虫的搏斗》等读物,另外他还出版过散文集《龙套集》等。就这些成就而言,索非是当代文学史上一位名副其实的散文家和科普作家。

对巴金人格发展有很大帮助的人
——记巴金与卫惠林的友谊

1992年6月26日,与巴金先生相交近七十年的老朋友卫惠林先生,在泉州因病去世,享年九十二岁。巴金发去唁电,里面有一句表达自己对老朋友感激的话,也是令千万读者为之感动的话:他"对我的思想的发展与人格的成长都有帮助"。

因为众所周知的原因,这位对巴金人格发展有很大帮助的卫惠林先生,长期以来鲜为人知,偶尔在有关巴金的著作或文章中被提及,也多以巴金"山西朋友"代之,而隐其名。

近年来,随着两岸交流的扩大,尤其对巴金研究的深入,人们开始注意到这个人物。

卫惠林,名安仁,字惠林,后以字行,故很少提及他的本名。1900年2月28日出身于山西省阳城一个书香门第。卫氏在阳城可以称得上名门望族。卫惠林自幼聪明伶俐，用功好学。因家学渊源，又受父兄的耳濡目染，学业进步很快。在他父亲去世时，年仅十一岁的卫惠林，就已经能下笔成文，挥洒千言了。

青年时代的卫惠林曾两度出国留学。第一次是1919年东渡日本，先后在早稻田大学第二高等学院和早稻田大学文科社会哲学部，共修业五年，1924年学成而归，寓居上海，开始从事翻译和写作。

巴金1925年与卫惠林在上海相识，这一年巴金北上，报考北京大学，但在体检时发现患有肺病，他没有参加考试，就回到上海就诊，在养病期间，认识了卫惠林。他们一见如故，成为终生要好的朋友。卫惠林长巴金四岁，他为人热情直爽，乐于助人，且精通日语。他像个老大哥一样对巴金关怀呵护。后来巴金索性搬到法租界贝勒路天祥里（即今黄陂南路149弄），与卫惠林同住。他与卫惠林、毛一波同住在二楼，巴金的另一个朋友，也是他四川老乡的卢剑波和夫人邓天矞住在楼下。在这期间，他向卫惠林学习日语。卫惠林的周围有一批包括巴金在内的志同道合的朋友，他们都是无政府主义的信仰者，卫惠林与这些朋友们一起组织了社会团体——民众社，创办了《民众》半月刊，探索中国的自由平等之路。

1926年秋，卫惠林怀着对西方社会科学知识的渴望，决定到法国去留学，直接学习他们的知识，考察他们的社会。他问巴金是否愿意与他同行，巴金当然非常愿意。在巴金的一再坚持下，他大哥李尧枚在成都老家，从变卖田产巴金应得的2000元中，取出800寄到上海，作为他留学的费用。巴金的三哥李尧林支持他留学，因为有卫惠林同行很是放心，并嘱咐巴金："惠林兄年长，经验足，你遇事最好虚心请教。"（现代文学资料馆馆藏书信）

1927年1月15日早晨，上海的天气阴冷阴冷的，朔风彻骨，滴水成冰，黄浦江的轮船码头，开来一辆出租汽车，从车上跳下来四个二十岁左右的青年。其中两个是准备上船的留学生，另外两人是来送行的朋友。登上开往法国的轮船"昂热号"的高个子就是卫惠林，胖胖的圆脸上，透着热情和直爽。另一位瘦小的青年，就是巴金。经过三十六天的海上生活，他们终于到达巴黎。我们可以设想，如果没有卫惠林相约，巴金可能就不会去法国，那么巴金的人生历史就可能是另一个样子。

2月18日他们踏上了法国的土地。迎接他们的是已经在巴黎的留法学生吴克刚（即吴养浩，笔名君毅，也是一位无政府主义者），他已经为他们安排好了住处。

他们同住在巴黎拉丁区的一个旅馆里，三个人各住一个小房间。巴金与卫惠林、吴克刚虽在异国他乡，但他们深切地关注着国内，特别是上海的形势。在这期间，上海爆发了第三次工人武装起义，北伐军进入上海。国内政治风云和时局的变化，牵动着他们的心。他们有时对理论问题或时局的看法不同，就争论，或写文章辩论。他们在经过反复讨论关于无政府主义等问题后，合作撰写了《无政府主义与实际问题》一书，后来寄给国内的《民钟》月刊。巴金分工撰写第二章，他认为："一个半殖民地的国家谋脱离列强而独立的战争，虽然不是无政府主义者的目的，但无政府主义者也不反对。"明确表示："在某一个事业上，如打倒军阀，打倒帝国主义者等，我们是不反对的。"卫惠林负责撰写第一章，他主张投入到北伐革命运动中去，实现无政府主义的理想；吴克刚撰写第三章，指出要实现无政府主义的理想，既可以与国民党保持独立，参与国内的革命运动，使运动转入平民化或无政府主义化，也可以加入国民党。《无政府主义与实际问题》这年4月由上海民钟社出版，1930年被国民党以"煽动军队"罪名勒令查禁。

　　实际上，巴金在法国并没有正式进入什么大学学习，只是读书、翻译、创作、编刊和养病，完成了奠定他文学之路的《灭亡》。1928年10月他启程回国。而卫惠林继续他的学业。卫惠林读书非常用功，他先就读于巴黎大学文科，1929年又先后考取了巴黎人类学院和法兰西书院的研究生。他研读了大量的西方社会科学著作，以优异的成绩完成了学业，为他一生的学术研究奠定了丰厚的基础。他在苦读中怀念故土和亲人，又受了巴金写小说的影响，他也像巴金一样，在课余时间写成了自传体的小说《母与子》，歌颂伟大的慈母之爱和亲密的手足之情，但这并没有给他带来巴金那样的文学声誉。

1930年，卫惠林回到祖国，准备踏踏实实做一番事业，实现他改造社会的宏愿。他应聘到朋友吴克刚任校长的泉州（旧称晋江）黎明高级中学任教。那里有像陈范予、王鲁彦、丽尼、叶非英等一批纯朴热情、朝气蓬勃、才华横溢的青年，是无政府主义的信仰把他们凝聚在一起的。他们把这所学校办成一个和睦的大家庭，期望他们的"主义"会在那里开花结果。他们为此做了很多努力和牺牲。

巴金曾三次南下，到那座街上开满龙眼花的南国小城泉州，去看望他的"同志"，他说："我去看望他们，因为我像候鸟一样需要温暖的阳光。"他在那里看到许多动人的画面，那种忠于理想、"从我做起"的刻苦作风使他感动。他作品中的许多环境都有泉州的影子，他笔下的许多人物都有他同志的身影。称他们是"很少见到这样真诚，这样纯朴，这样不自私的人"。

1930年8月中旬，巴金与卫惠林、卢剑波、郑佩刚等十余人游杭州西湖，并在那里召开过一个有四十余人参加的会议，这些人是来自全国各地的知识分子，他们怀抱着无政府主义的理想，聚在一起商谈宣传无政府主义事宜。大家委托巴金与卫惠林化名李一切和卫仁山，创办《时代前》杂志。并议定《时代前》杂志社设在上海嵩山路李梅路和平坊143号。

但此时中国的无政府主义运动已经进入尾声,他们要实现理想是根本不可能的。后来不断有人脱离了这个运动。卫惠林也在1931年底,离开泉州黎明高中,应聘到南京中央研究院社会科学研究所民族学组任助理研究员。

巴金一直从事着文学活动。1932年1月,南京《文艺月刊》第三卷第一期开始连载他的中篇小说——"爱情三部曲"的第二部《雨》。小说的主人公吴仁民就是以卫惠林为模特塑造的。虽然小说中的情节并不全是卫惠林的亲身经历,但卫惠林热情直爽的性格完全可以说是吴仁民的性格,巴金忠实地写出了他最好的朋友卫惠林的为人。《雨》的前三章是巴金正为孤独黑暗所困惑,抱着十分恶劣的心情,在绝望的挣扎中写成的。当卫惠林在南京从《文艺月刊》上读到《雨》的前三章后,便立即给巴金写信说,你的小说"阴郁气太重,我很为你不安……我希望你多向光明方面追求吧!照你的这种倾向发展,虽然文章会写得更有力,但对于你的文学生命的继续或将有不利的影响……我总希望你向另一方面努力!"无疑这些话对于一个作家的创作和发展是有着莫大的帮助的。巴金在回信中说:"你是一个比较了解我的人。"

卫惠林一直关心着巴金的文学创作,巴金在他的"激流三部曲"最后一部《秋》的序言中写道:"正是友情洗去了这本小说的阴郁的颜色。是那些朋友的面影使我隐约地听见快乐的笑声。我应该特别提出来四个人：远在成都的W. L.，在石屏的C. T.，在昆明的L. P.和我的哥哥。"巴金所说的四个人分别是卫惠林、散文家缪崇群、未婚妻萧珊和三哥李尧林。他又说："没有他们，我的《秋》不会有这样的结尾，我不会让觉新继续活下去。"

卫惠林不但关心巴金的创作，而且还支持巴金的编辑出版事业。1935年，巴金和吴朗西、朱洗、丽尼等一群理想主义者，又开辟了一个园地——文化生活出版社。这家出版社在中国现代出版史上是以平民色彩著称的，其同人以无政府主义信仰的三大信条自律，即"正义、互助、自我牺牲"。卫惠林虽然没有直接加入这个园地，但他在办社筹备时拿出五十元入股，是这家出版社最初三笔资金的来源之一，这也说明卫惠林可能已经不再执着于年轻时的憧憬和理想，但他和他的同志们依然保持着精神上的联系，他还翻译出版了克鲁泡特金的《革命的研究》。

以后，卫惠林就投身到教育和教学中去了，忙碌在讲坛上。他先后在重庆的乡村建设学院任教，在这期间他完成了《四川丰都宗教习俗调查》的学术报告。后又到南京，在中山文化教育馆研究部主持民族学……随着时间的推移，他在人们的记忆中越来越淡了。

1948年,国民党在大陆的统治行将崩溃。这年12月中旬,卫惠林携全家离开南京,登上开往广州的列车。车到上海真如,卫惠林利用停车一天的时间,打电话与上海的好友巴金取得联系,巴金立刻提了一罐酱菜前去送行。两位老朋友相对唏嘘,久久默然无言,直到开车时,巴金才依依不舍地下车离去。这是卫惠林离开大陆前和好友巴金的最后一次见面。

卫惠林在广州中山大学只任教半年多,就受聘到台湾,参加编写台湾省通志。在全家迁台湾以后,他的名字几乎就在大陆消失了。到台湾后,卫惠林的民族学和人类学的知识派上了用场。他主持完成了阿里山调查研究,编撰了《阿里山曹族志》。在二十几年的时间里,他开展田野调查,访问过台湾岛上四十多个少数民族部落,对土著民族的氏族、亲族、部落的组织,以及它们的世系、权威、阶级制度等做了详尽的调查和研究,出版了多部民族学、人类学的著作。1971年,卫惠林退休后定居美国,但他的学术研究并没有"退休",他在纽约哥伦比亚大学人类学系做访问学者。他和巴金的联系早就中断了,1977年年底,巴金在给卢剑波夫人的信中,还遗憾地说没有卫惠林的消息。

从两人在真如火车站最后一面,时光老人的步履又匆匆走过了三十年。到1978年中国内地实行改革开放政策,卫惠林的消息逐渐传入国内,一直关注着他的巴金也终于与他取得了联系。巴金兴奋地把这个消息转告给其他友人："卫惠林现在美国，他最近来信讲起他的台北之行，说老友都好。"（1980年致黎丁）卫惠林终于在1982年9月应中央民族事务委员会邀请返国讲学，这次他回到了故乡——山西阳城，然后在全国各地巡回讲学，在上海，就有了令人激动的一幕——他和巴金的重逢。

与挚友久别重逢，两个人似乎又回到青年时代，卫惠林的性格又有所恢复，谈起往事，二人自是感慨良多。一次在巴金家中晚餐时，谈起一件小事，卫惠林突然生了气，又"粗暴"起来了，他批评巴金"不敢讲真话"。那时，巴金已经开始在残酷地解剖自己，卫惠林的话再一次触动了巴金，此后他更加以"讲真话"自励，他由衷感到"一个民族、一个国家是不能靠假话生存、发达的"（致马宗融之女马小弥信），于是更加致力于写作《随想录》这部被公认为"讲真话的大书"。晚年，"讲真话"的精神在巴金身上复燃，那中间也有卫惠林的一把火。

1983年春节期间，卫惠林在广东韶关突发中风，送住广州医院，在中央、省、市特派专家的全力抢救下，得以恢复，于当年3月7日由女儿卫缙云等亲眷接回美国疗养，正巧巴金骨折拴在牵引架上动弹不得。后来卫缙云又发病，巴金为他们父女的遭遇心恸不已。

1991年，也许知道自己来日无多，卫惠林以老迈之躯再度回国,并定居在寄托着他青年时期理想、有着许多真诚朋友影子的泉州。当年那所黎明高中已经变成华侨子弟的黎明大学了,卫惠林被聘为这所大学的客座教授。然而一年以后,1992年6月26日,卫惠林病发去世,享年九十二岁。巴金发去如下唁电:

> 惊悉惠林兄逝世,深为哀悼。惠林兄是一位真诚的朋友,对我的思想的发展与人格的成长都有帮助。我忘不了他。谨电吊唁,并致慰问。

被巴金称为"耶稣"的叶非英

1939年,巴金在他的散文《南国的梦》里,记述了他称之为"耶稣"的朋友的事情,说:"他的确能够在废墟上重建宝塔的。""他用过度的工作摧残自己的身体,我看见他用自己的生命换来一点点的工作成绩。"巴金描述的这位朋友就是叶非英。四十七年后的1986年。巴金在他"讲真话的大书"《随想录》中,写了一篇近万言的长文《怀念非英兄》,一方面怀念自己的朋友,更多的是为叶非英说公道话。文中强调:"他不是一个讲空话的人。甚至在三年灾害时期条件差、吃不饱的时候,他还卖力气劳动,终于把生命献给他的祖国和他的人民。"巴金再次赞誉叶非英是"我们的耶稣"。尽管如此,叶非英的名字越来越不为世人所知,就是在他的故乡广东东莞的文化人中,知道叶非英名字的人也寥寥无几,这不能不说是一件憾事。

一、早期的革命经历

叶非英（1906—1961），原名叶毓茂，又名叶一茅、叶景，字士平。广东省东莞道滘永庆人（今东莞市道滘镇永庆村），早年毕业于东莞中学。1923年考入蔡元培、马叙伦、景梅九等主办的北京世界语专门学校。1925年北京世界语专门学校停办，他重返故乡。1926年，在广州农民运动讲习所，他与彭湃相识，交往密切，随后到广西省立第三师范学校任教，同时兼任《革命之花》周刊编辑。《革命之花》杂志由广西民政公署于1926年创办于南宁，原为半月刊，不久，改由广西省政府主办，并改为周刊，共产党员罗少彦任主编，中共梧州地下党创始人之一的谭寿林也在该杂志任编辑。当时的叶非英被视为广西无政府主义的最大代表，他与中共党员一道工作，关系密切，可谓志同道合。后来曾任中共广西省委代理书记兼广西省农民协会主任的雷经天在回忆文章中说："1926年，右江农民运动的声势最大，震撼全省。国民党广西党部的农民部长陈协五，无政府主义者叶一茅（即叶非英），都想把东兰、凤山和右江各县的农民运动抓到自己的手里来，归他们控制。"原国民党广西省主席黄绍竑说："我身边的人都说叶一茅是广西无政府主义代表人物之一，看他在《革命之花》周刊上发表的那些文章，即可知他的观点与共产党人大同小异。听说当时的无政府主义信徒与马列主义者争吵不休，但在我们看来：两者是一路人，都要推翻政府。"

1927年"四一二"事变发生后，广西省政府通缉叶非英，他当时从下水道逃出南宁，投奔韦拔群。随韦拔群等人在广西东兰县武篆区开办第三届农民运动讲习所，韦拔群当主任，叶非英任教务长，负责具体安排农讲所的功课，还兼上哲学和伦理课。这一时期，叶非英与韦拔群相处密切，他对韦拔群评价甚高。

1929年，叶非英随韦拔群参加百色起义。百色起义失败后，他被捕入狱，越狱后潜逃到香港，任职于《大同日报》。

1930年，他又从广州去福建省泉州黎明高中任教，并在平民中学兼课。当年秋天，巴金应黎明高中校长吴克刚之邀，去泉州度假，和叶非英相识，结为好朋友。1931年，叶非英转为平民中学教师，并协助主持平民中学工作。1935年，叶非英协助改办民生农校，先后在农校任教师、教导、校长等职。1939年起，他化名叶景，倡办《大众报》，任发行人，还任《华侨日报》的周刊《自由评论》主笔，并与吴慕农、吕尘心、杨孙岱等人在晋江县石狮镇发起创办《民声报》。

总之，从1930年至1947年，叶非英在福建泉州从事办学、办报、搞学运、搞农运，长达十七年之久，他全身心地扑在平民教育事业上。他的办学精神，几乎达到无我的境界。为了集中精力办好学校，他一直没有结婚。学校就是他的家庭，学生就是他的子女。他对教育的探索和改革在泉州一带颇有影响。

1947年至1948年，莫纪彭在广州创办蔼文中学，聘请叶非英回穗筹建，后委以校长重任，但他只愿当个教员。当时叶非英还协助筹办了粤东女子职业中学。蔼文中学停办后，1948年冬天，叶非英仍回泉州民生农校任教。

二、与巴金的交往

20世纪二三十年代，福建泉州（旧称晋江）是中国无政府主义者的一方重地，特别是泉州的黎明高级中学，是当时福建的无政府主义者一个重要的活动据点，聚集着一群怀有"美丽的安那其主义"理想的文化青年，他们在那里着力进行平民教育。巴金的一些朋友如吴克刚、卫惠林、陈范予等均在这所学校里教书。1930年，与巴金一起留学法国的朋友吴克刚在黎明高中任校长，他邀请巴金到那边去度暑假。学校设在武庙的旧址，巴金住在吴克刚的寝室里，外面有一个小小的凉台，每天晚饭后，巴金常常和三四位朋友在那里闲聊。巴金去了不久，吴克刚患伤寒症住进医院，就由陈范予帮他照料学校。

叶非英是陈范予的好友，巴金在武庙里先认识的陈范予，过了三天，叶非英从广州来到黎明高中，这样，巴金也就与叶非英认识了。这一次，虽然他们见面的时间并不多，但叶非英给巴金留下了很美好的印象，巴金在《黑土》一文中这样写道："在这个学校里我第一次会见那个后来被我们戏称为'耶稣'的友人。他喜欢和年轻的学生在一起，他常常和他们谈话四五个钟点不间断。他诚恳地对他们谈着世界大势和做人的态度。""我记得他穿着蓝色西装上衣和白色翻领衬衫，服装相当整齐，他可以被称为漂亮的青年。"

两年后的1932年4月，巴金第二次到泉州，这次巴金没有先去武庙，因为他的几个朋友都不在那里了。这次他住在平民中学，叶非英是这个学校的主持人。他在叶非英的房里搭了一张帆布床，两人住在一起，这次巴金在泉州住了十多天。这十几天的接触，使他们"成了谈话毫无顾虑的朋友"。巴金对叶非英的苦行，虽然并不赞成，但表示充分的敬意。巴金就在叶非英的住处写出《雨》的第五章后半部分，还在友人沈一叶的陪同下，访问过一位被封建婚姻制度逼迫发疯的姑娘。巴金还应叶非英之请，给平民中学捐了两箱书。

第二年的5月，巴金第三次到泉州，这次只待了一个多星期，巴金和叶非英的交流更多了。学校又有了发展，但叶非英的健康变糟了。巴金不同意他牺牲健康、拼命工作的做法，不过他这种"殉道者"的精神，使巴金非常感动。巴金从泉州到广州，在那里旅行一个多月后，经过厦门坐船回上海，有两位朋友从泉州赶来同他见面，巴金把未用完的旅费拿出来托他们转交给叶非英，请他一定要治病。回到上海不久，巴金接到叶非英的信，他说把钱用来帮助一个贫苦的学生了。

此后，巴金与叶非英的交往就比较少了，1935年8月，巴金从日本回国，叶非英带学生到北方旅行、考察回来，经过上海，他们又一次见面。叶非英也自感身体有些支撑不住，巴金劝他留在上海治病，但他还是和学生们一起走了。1947年叶非英再到上海，在巴金家里住过一两夜，他们谈了很多，但思想上还保留着一些分歧。这是叶非英与巴金见的最后一面。中华人民共和国成立后，由于众所周知的原因，直到1961年，叶非英死于劳教农场，两位老朋友再也没有见过面。

三、为工作牺牲健康

叶非英是一个把工作看得比生命更重要的人，用现在的话来说，他就是一个"超级工作狂"。他第一次与巴金会面的时候，就给巴金留下深刻印象。他几乎把全部的时间和精力都投入学校工作和学生工作中，除了上课外，他还常常和学生谈话四五个钟点而不间断。超负荷的工作损害了他的健康,两年后巴金再度见到叶非英时,他已经不像第一次见面时"服装相当整齐",而是"微驼的背""一身肮脏的灰布学生服……一头蓬乱的头发……陷人的两颊"。他瘦得多了,也老得多了,他的健康更糟了。他已经是学校的主持人,这两年他为学校的发展做出了大量的牺牲,首先牺牲的是个人的健康。他患有严重的痔疮,每次大便后总要躺很长的时间。朋友们都为他的健康担心,劝他休息治病,但是对别人的劝告,他常常是岔开话题,说:"我们不会活到多久的,我们应该趁这时候多做一点事情,免得太迟了。"他就是这样以自己健康为代价,换来学校的发展。在平民中学,他以巴黎公社为蓝图,组织平民公社,作为全校最高组织,由全校教职员和学生组成,分管学校各种事务。学校没雇工人,伙食大家轮流做,包括日常各种杂务。同时,还配合晋江、南安、惠安等县乡村农会,利用暑假开办了三十多所农村夜校(含工人夜校、农民夜校)。他还编写了《民众识字课本》等教材。晚上,他打着火把,走过黑暗的窄巷,不时听到带着威胁似的犬吠,到了一个古老的院子去敲开油漆脱落的木门。在阴暗的旧式房间里,围着一盏发出微光的煤油灯,怀着献身的热情,宣传自己的理想。他真心实意地愿意为此牺牲自己的生命。

后来平民中学被勒令停办,叶非英又带领平民中学高级农村教育科两届毕业生,两次组织教育参观团。第一次名为"中华沿海步行团",凭着每人一条油布,一个背包,跋山涉水,走遍福建、浙江、江苏、上海等地,参观了杭州教育学院、匡互生办的上海立达学园农村教育科、陶行知的山海工学团、燕子矶小学、生活教育社等。第二次叫"华北农村教育参观团",他们先坐海轮,后转火车,结合步行,到山东、河北、天津、北京,参观了梁漱溟的乡村建设学院、晏阳初的平教会、民教馆、合作社、平民学校、工艺传习所等等,广泛吸取30年代教育改革的精华。叶非英组织的这些师生共同参与的教育实践活动,可称为泉州教育史上的创举。

1937年夏天,叶非英离开泉州回到广州。许多朋友都希望他能在广州休息、疗养、治疗,使身体健康得以恢复。但是,没有多久,上海"八一三"淞沪会战爆发,叶非英沸腾的血再次被点燃。他怀着无法抑制的热情又回到泉州。忙碌的工作在等待着他,他创办了民生农校,他的工作范围也扩大了,疾病在他身上更算不了什么了。投身民族解放战争是他的责任,在民族的生存和自由受到侵害的时候,他更不想停下来治病。他正忙着组织民众的力量来抵抗侵略者的魔爪。

巴金在《随想录·怀念非英兄》一文中说道:"病中无眠,经常看见那张瘦脸,我不能不又想到他的无私的苦行。他的一生是只有付出,没有收入的一生,将心比心,我感到十分惭愧。"这是对叶非英最诚挚、最崇高的评价。

四、干活时死在田间

1949年广州解放，叶非英离开泉州转香港回到广州，与老朋友陈洪有、朱贤锦等创办了新民中学。1950年，叶非英参加了中国民主同盟。在中华人民共和国成立后的最初几年，他的工作和生活相对比较安定。1953年夏，新民中学与千顷中学合并，成为广州市第十四中学。叶非英任教导主任，教育工会主席。1954年前后，他曾被评为教育先进工作者，并当选为广州越秀区第一届人大代表。尽管叶非英平时较沉默，讲话不多，但在1957年反右斗争前期"大鸣大放"时，他还是为一位罪不当诛而被镇压的朋友鸣不平，结果在1958年被划为"右派分子"，而且是"极右"分子。并以历史上曾信仰过无政府主义，罪加一等，以反革命论处，被送到石井农场劳动教养。

据一起在石井农场劳动教养的叶非英和巴金的朋友陈洪有后来写给巴金的信：1958年，他与叶非英都在农场劳动，每逢节假日，陈洪有都回广州，却没有一次见到叶非英回过广州，因为他是"极右"分子，例行节假日也不能回广州。叶非英在农场劳动很认真，有人曾劝他说："粮食不够，吃不饱，你身体虚弱，你还这样卖力气劳动,不怕送老命吗?"可叶非英却说:"死了,就算了!"看来,他在那种压抑、冤屈的环境中,更不把自己的生命当成一回事儿了。1961年困难时期,全国粮食短缺,经常吃不饱,不得不煮地瓜藤吃,那是喂猪的饲料,饿得发慌的人不得不以猪食充饥。这对于身体本来就很糟的叶非英来说,更是雪上加霜。有一次,叶非英吃了薯藤,腹泻不止,他不但没有得到及时医治,劳教所还派他到田间干活,叶非英被迫带病在田间干活,因饥饿、患病、过度劳累,当场死于田间,年仅五十五岁。

五、一个值得纪念的人

叶非英生活俭朴,不修边幅,不抽烟,不喝酒,甚至连茶都不喝,只喝开水。无论是他早期在泉州平民中学,还是后来在民生农校,他只拿最低的生活费,身上若有一点钱,就拿去帮助经济困难的学生。他的人格魅力一直受到朋友和学生们的交口称赞,引以为楷模。叶非英之死,震颤了巴金善良的心灵。他在《怀念非英兄》中,替他说了公道话,鸣不平,并赞美他的高尚品格。

1983年5月,经广州市教育局党委复查,广州市公安局批准,撤销广州市公安局1958年7月19日对叶非英以历史反革命论处送劳动教养的决定。叶非英的冤案终于得到彻底平反昭雪,无数师友为他洒下悲喜交集的热泪。

1988年,为了弘扬叶非英的高风亮节和人格精神,承传他教书育人的业绩,泉州平民中学、民生农校海内外的校友在民生农校(泉州农业学校)设立"叶非英图书馆",并在泉州法石海印寺附近的山上建立敬师亭,纪念叶非英等教师。亭中悬挂叶非英的纪念石匾,匾上刻有叶非英的事略,并有石雕半身像。

2002年,吕孙博先生为纪念培育他的恩师叶非英先生,慷慨捐资五十万元,在泉州市黎明大学(黎明职业大学的简称,巴金曾任名誉董事长)建立"叶非英奖学金",以表达对叶非英先生永久的怀念。

巴金与吴克刚

吴克刚（1903—1999）是巴金早年的朋友，他们有着共同的信仰，即"美丽的安那其主义"，他们曾一同在法国巴黎留学，有几个月的时间，他们朝夕相处，吴克刚的思想对巴金有很大的影响。巴金在晚年写的《关于克刚》一文中，曾经满怀深情地说："我在巴黎短短几个月里受到他们（吴克刚和卫惠林）的影响，我才有今天！"虽然1945年吴克刚去了台湾，他们见面的机会少了，特别1949年后的几十年，两岸长期隔绝，巴金与吴克刚，及其他一些散居海外的朋友，几乎是完全断绝了音讯。但巴金并没有忘记他们，心中一直深藏着与这些朋友的纯洁友谊，默默地坚守着自己早年的信念，怀念着与他们真诚相处的那段美好时光。在1993年9月写给吴克刚的信中，巴金无比怀念地写道："1927年2月我们在巴黎车站第一次见面，六十几年过去了。我受过你和惠林不小的影响，我们喜欢辩论，我也把你们写进了我的小说，能再吵一次多好！"

一、巴黎拉丁区的小楼上

巴金与吴克刚相识于南京读书的时候，但只是通信的关系。巴金那时交往的许多朋友都是这样，先是通过朋友介绍，然后通信，有的通信多年后才见面。1923年底，巴金和他的三哥李尧林，离开上海，来到南京，进入东南大学附属高级中学读书。就是在南京期间，经过朋友卫惠林的介绍，他开始与吴克刚通信。当时吴克刚在上海，后来去了法国，但他们仍然保持着通信联系。

1927年1月15日，巴金与朋友卫惠林乘"昂热号"法国邮轮，也启程去法国。经过一个多月的航行，于2月23日到达马赛，他们在马赛给吴克刚拍了一个电报，告诉他什么时候他们可以到达巴黎，然后就坐上去巴黎的火车。第二天上午，到达巴黎，吴克刚已经在车站等候他们，卫惠林与吴克刚是老相识，但这是巴金与吴克刚通信两年多后，在异国他乡的第一次晤面。吴克刚为他们定的旅馆在 Blanville 街五号。巴金因为旅途劳累病倒了，经过吴克刚和卫惠林的照料病愈后，他们搬到拉丁区，也就是巴金在作品中经常提到的那个"终年充满煤气和洋葱味的小楼"。三个小房间分别住着三个志同道合的青年人，他们白天各自忙自己的事情，一到晚上他们就聚在一起，传递着各种消息，关注着国内的动态。当时上海正爆发第三次工人武装起义，北伐军进入上海，国内政治风云和时局的变化，牵动着他们的心。他们讨论各种问题。他们当时都信奉着无政府主义，在处理或者研究一些理论问题上，都能独立思考，各抒己见；既有相同的观点，也常发生各种分歧，但谁也不隐瞒自己的观点和看法，因此他们之间经常进行热烈的辩论。三个人中吴克刚交游最广，消息灵通，对事情爱发议论，而且他的口才很好，不但喜欢辩论，也善于辩论，讲起话来总是慷慨激昂。一次，就如何看待当前国内形势的问题，又议论起来。开始，他们都认为国内已经进入革命时期，但对有些无政府主义者不从实际出发，不从事实际工作，只是空谈理论，表示不满。谈着谈着，三个人发生了分歧，又辩论起来，你一言我一语，一声比一声高，也忘记了已经是夜静更深，周围的邻居已经睡下。最后，招来邻居上门抗议才停下来。最后他们决定写文章，在报刊上公开辩论。隔了一个时期，上海的《民钟》杂志，收到三篇题目都是《无政府主义与实际问题》的文章，分别署名君毅（吴克刚）、芾甘（李尧棠）、卫惠林。后来，他们合作完成《无政府主义与实际问题》一书，1927年4月由民钟社出版，1930年被国民党以"煽动军队"罪名勒令查禁。

二、共同投入营救萨、凡活动

这年夏天,巴金肺结核病复发,医生要他找个安静的地方疗养。吴克刚介绍他到巴黎以东一百多公里的马伦河畔的小镇沙多—吉里去,巴金住进了那里的拉·封丹中学,那里也有巴金的朋友。

此前的五月,他们在巴黎就热情地投入到营救凡宰特和萨珂的活动中。凡宰特和萨珂都是美国的意大利移民,一个是鱼贩子,一个是鞋匠,两个人都是无政府主义者,多次组织劳工运动,当局对他们恨之入骨。在1920年5月5日,马萨诸塞州当局以莫须有的杀人抢劫罪,把他们二人逮捕,案件已经审理了七年,引起了全世界进步人士的抗议,罗曼·罗兰、爱因斯坦等世界著名人士都曾发表声明,表示抗议。当巴金和吴克刚获悉将于7月10日要处死这两个人的消息,他们走上巴黎街头,看到掀起的营救新高潮。他们不但为国内的杂志撰写文章,巴金还给狱中的凡宰特写信。很快他就收到凡宰特从美国监狱中寄来的长信。巴金还怀着激情和愤怒,写下后来《灭亡》小说中的一些章节。巴金在去沙多—吉里的前一天,听到一个消息,说凡宰特二人的执行期推迟一个月到8月10日。8月11日那天,巴金担心萨、凡已经遇害,没有勇气到街上买报。吴克刚带来了萨、凡又被缓期十二天执行死刑的"喜讯"。但令巴金痛心的一天终于来临了。8月24日,他收到吴克刚从巴黎寄来的明信片,上面写着:"两个无罪的人已经死了!现在等待的是那有罪人的死!我告诉你,不会久候的!"巴金带着悲哀和愤怒从校外回到学校,吴克刚已在屋中等他了。吴克刚同样非常痛苦,沉默无语。吴克刚走后,巴金仍沉浸在愤怒和悲哀中。晚上,卫惠林也来看他,他向卫惠林倾诉了内心的思索和痛苦。他们谈到深夜,彼此获得了力量。卫惠林走后,一连几天,巴金又写了一些收入小说《灭亡》的片段。

早在这一年的6月,吴克刚等三十六位外籍无政府主义者,因为参加无政府主义党大会,被法国当局下令驱逐出境。其中有波兰社会活动家亚丽安娜。吴克刚向巴金倾诉了他与亚丽安娜初恋的欢乐与痛苦,并给巴金看亚丽安娜写给他的告别信。巴金用法文背诵了左拉《萌芽》中赛威林说的话:"我们不应该相爱,我们爱,我们就有罪了!"以此来劝慰吴克刚。第二天,他又陪同吴克刚去向亚丽安娜告别。事后,吴克刚也准备返国。他又陪同吴克刚参观了巴黎圣母院,他们爬到钟楼顶上,鸟瞰巴黎全景。后来,驱逐的期限延长了,亚丽安娜和吴克刚等几个月后才各自回国。巴金则在第二年的年底回到上海,结束了他在法国近两年的生活。

三、在泉州黎明高中

吴克刚自法国回来后,应邀去福建泉州帮助秦望山办学,到黎明高中担任校长。在20世纪的二三十年代,泉州是中国无政府主义者活动的重要城市,黎明高中最早就是由有闽南英雄美誉的秦望山和许卓然、梁龙光等人,于1928年夏秋间创办的。校址设在原武庙(关帝庙),第一任校长是梁龙光。汤文通、卫惠林、柳子明、杨人缏、李又观、陈范予、范天均、叶非英、丽尼等都曾在该校任教,他们中不少人都是无政府主义者。这些年轻人都是有志之士,对当时社会不满,渴望社会变革,但在当时白色恐怖笼罩之下,他们不可能在政治上有所作为,于是转而在教育中做些踏踏实实的工作。他们真诚相见,这所学校就像一个友爱的大家庭。

1930年8月下旬,巴金接到黎明高中校长吴克刚的信,邀他去泉州度暑假。巴金从上海出发,途经厦门去泉州,他顺便游览了鼓浪屿。三天后的一个早晨,巴金搭汽车到达古城晋江。巴金到黎明高中,与挚友吴克刚一起生活、工作。有时到大街小巷闲走,有时两三朋友逛公园,更多的时间是创作和翻译。在这期间,他作了短篇小说《父与子》,翻译了蒲鲁东的著作《何为财产》的下半部,可惜《何谓财产》稿未发表就全部遗失了。

他还应上海世界语协会之约,编辑了俄国盲诗人爱罗先珂的童话集《幸福的船》,并写了序言。在泉州,他还鼓励朋友们组织世界语学会。在这里他感受到了真诚的友爱,一次巴金发高烧到102华氏度(39摄氏度)以上,陈范予精心照料他休息、服药,几天后就退烧痊愈。校长吴克刚患了伤寒症,巴金就到他办公室,帮助他料理一些学校事务。

巴金这次在黎明高中住了大约一个月的时间,结识了几位令他终生难忘的"新朋友":陈范予、叶非英、林憾庐、郭安仁即丽尼。他还看到一个活泼可爱的女学生吴彩蕴,她给巴金留下了深刻的印象。后来,这个女学生与丽尼产生了一段以悲剧而告终的恋情,巴金以此为素材创作了小说《春天里的秋天》。

巴金后来说,在泉州一个月是"一生中最快乐的日子……我本来应该留在他们中间工作,但是另一些事情把我拉开了。我可以说是有着两个'自己',另一个自己却鼓舞我在文字上消磨生命。我服从了他,我写下一本一本的小说"。

此后的1932年4月和1933年5月,巴金又先后两次到泉州,但吴克刚已经不在黎明高中了,他在伤寒症治愈后,应邀到河南百泉(今属辉县市)教书。卫惠林也在1931年底应聘到南京中央研究院社会科学研究所民族学组任助理研究员。虽然他和吴克刚后来又多次见面,但都没有像这次在黎明高中相处的时间这么长。

1932年1月25日，巴金应已到南京工作的陈范予之邀，与从河南百泉中学来南京的吴克刚和在中央研究院工作的卫惠林相聚。他随身携带了中篇小说《海底梦》的开头几页稿纸，坐三等车去南京。但这一次的旅行很不顺利。他是25日晚到达南京的，在南京除了见到吴克刚、卫惠林、陈范予外，还见到了缪崇群。因为1931年"九一八"事变后，上海的形势一直很紧张，他惦记着局势的发展，于28日晚又急匆匆地赶回上海。"一·二八"事变，日本开始进攻的那个夜晚，巴金正在从南京回上海的火车上，但火车没有到达上海，又从丹阳把他带回南京。他在南京又与卫惠林、陈范予、缪崇群等朋友见面，最后在朋友们的帮助下，于2月5日才乘船从南京回到上海。

1938年5月巴金与章靳以从广州去武汉办事，曾与先到武汉的吴克刚、卫惠林等朋友晤面。此后不久就离开武汉去桂林。在抗日的岁月里，巴金与吴克刚两位老朋友，各自忙着自己的事业，在不同的地方、不同的岗位上为民族的解放而奋斗着，并互相鼓励着。巴金主持的上海文化生活出版社出版了一套由吴克刚主持、翻译及撰写的《战时经济丛书》，这是一套有关战时经济问题的著作。原计划出版十二本，实际仅出版了四本，即《战费论》（赛利格曼著，吴克刚译），《战时捐税》（波加特著，吴克刚译），《战时金融与币制》（波加特著，吴克刚译）以及《战时公债》（吴克刚著）。这套丛书对战争时期经济状况的分析很有见地，是很严谨的科学研究著述，是一套颇具学术价值的丛书。

1945年抗日战争胜利后，吴克刚应陈仪之邀，离开大陆到台湾去工作。

四、小说中的人物

作为一个作家，巴金的作品自然常常以自己身边的、熟悉的人物作为作品中的模特。吴克刚是巴金接触最多、相知最深的朋友之一，所以在巴金的作品中以吴克刚为模特，或有吴克刚的影子，也就不足为奇了。巴金自己曾经说过："我的好几个作品里都有吴的影子。比如《亚丽安娜》《爱情的三部曲》（主要是《雨》的部分），还有《我的眼泪》等等。"（见谷苇著《一个小老头，名字叫巴金》上海辞书出版社，2003年11月第1版）

短篇小说《亚丽安娜》，是巴金在上海"一个阴暗的亭子间里"创作的，是应叶圣陶所约为叶主编的《妇女杂志》所写。并于1931年3月1日发表在《妇女杂志》第17卷第3号上，后来收入短篇小说集《复仇》（1931年8月由新中国书局初版）。这篇小说，以作者在巴黎真实的生活为基础，讲述流亡到巴黎的波兰女革命党人亚丽安娜与"我"的朋友吴之间的恋爱故事。亚丽安娜，有着金色的头发和美丽的眼睛，她因为参加革命运动，被波兰当局通缉，在一个深夜，为逃避宪兵的抓捕，逃离波兰，流亡法国，继续从事革命活动。两年后，又被法国政府驱逐出境。小说歌颂了这位女革命家为改变故乡女工的命运，坚持不懈的革命意志，以及她和吴之间的真挚、深切的感情。小说中的吴就是巴金的朋友吴克刚，小说里的许多情节都在现实中发生过，也是巴金的亲历。巴金后来说，这篇小说"至少有一半是真的事实。亚丽安娜就是那个波兰女郎的名字，吴是我的一个敬爱的朋友，金自然是我"。

中篇小说《雨》是巴金《爱情的三部曲》继《雾》之后的第二部，开始创作于1931年底，到第二年的8月中旬完成。巴金是应在南京主编《文艺月刊》的朋友缪崇群之约，写这部小说的。全书分五六回执笔，每次写三四天的样子。中篇小说《雨》先是于1932年在南京出版的《文艺月刊》第三卷第一期至六期上连载，1933年1月由上海良友图书印刷公司出版单行本。

《雨》所描写的是一群知识青年对待现实斗争、社会矛盾、爱情生活等的不同观点和思想交锋，他们如何在现实的斗争中不断克服自身的弱点，不断摆脱爱情的纠缠，走向社会、走向光明的新生活。小说从不同侧面真实地记叙了当时青年知识分子内心的苦闷、斗争的艰辛。以《雨》为主体的《爱情的三部曲》(《雾》五万余字，《雨》九万余字，《雷》一万余字，《电》六万余字)被人们誉为"知识青年的一面镜子"。

巴金在1935年10月写的《〈爱情的三部曲〉总序》中说：《雨》是《雾》的续篇……虽然还是以爱情作主题，但比起《雾》来这部小说里的爱情的气氛却淡得多了……我自己更爱《雨》，因为《雨》里面我找到了几个朋友。"《雨》里有哪些人物是巴金的朋友呢？《雨》里着重刻画的、富有正义感的主人公吴仁民，他在爱情旋涡中感到苦闷、绝望和空虚，但后来他成熟起来、振作起来、充实起来。吴仁民就是以巴金的朋友卫惠林为模特的，卫惠林自己也是认可的。另一个可爱的人物是高志元，他单纯、热情，主张从事实际工作、到群众中去。这个形象是以巴金朋友黄子方为模特的。这个朋友是一个大孩子，他的单纯和真诚获得了大家的喜爱。就连小说中说他是"活的气象表"，也是现实中所有的。《雨》里还刻画了一个留洋回国、崇尚空谈的张小川，这个人物就是以吴克刚为模特的，巴金说："那也是一个被我敬爱过的友人。我在巴黎第一次见到他，他在我的过去生活中有过相当大的影响。但是他从法国回来以后的行为使我逐渐感到不满，后来我还当面责备过他。我写张小川时，并不想责骂那个朋友：我憎恨的只是他的行为，并不是他本人。所以张小川就成了一部分知识分子的写照，而不单是我那个友人了。张小川这一类人我不知道遇见过多少，只可惜在《雨》里面我写得太简单了。"但是吴克刚本人对此并不知情。巴金完成小说《雨》六十二年后的1944年4月，他写了一篇短文《关于克刚》，其中有这样一句话："他不知道我对他仍然怀有感激之情，他也不知道我以前写小说讽刺过他，自己感到后悔。"这里的"小说"就是指《雨》，就是指在《雨》里以吴克刚为模特，塑造的张小川这个人物。

1931年10月30日南京《文艺月刊》第二卷第十期上，巴金发表了散文《我的眼泪》。这篇散文深情地叙述了作者在收到四年前在美国监狱被害的两位革命者萨珂和凡宰特的书信集后的激动、思念、痛苦、愤怒、崇敬和振奋等感情，回忆了他在巴黎与吴和卫等朋友积极参与营救萨、凡二人的活动经历。表明"我"在异国感到寂寞、绝望的时候，萨、凡的著作和他们为人类事业的献身精神，使"我""不再徘徊"，有了生活的"目标"和"向导"，称颂萨、凡是比卢梭"还要伟大的巨人"，代表着"全世界中最优美的精神"。文章中的吴，就是巴金的朋友吴克刚。

五、隔海的牵挂

1945年抗日战争胜利结束，宝岛台湾回到了祖国的怀抱。当时因为台湾刚刚从日本帝国主义的手里收回，可以说是百废待兴，需要大批知识分子前去参加建设。大陆的一些知识分子本着热爱祖国、热爱建设事业的无可非议的真诚之心，前去这块脱离祖国已长达半个世纪之久的土地，参加各种工作。巴金的许多朋友就是那个时候去台湾的，如黎烈文、索非等人。巴金的老朋友吴克刚也是那个时候去台湾的。这一年，吴克刚应陈仪之邀，随他到台湾，先在台湾行政长官公署任参议，从1946年10月10日起，出任台湾省图书馆馆长。他对工作兢兢业业，并卓有成效。1947年4月1日起，开始在图书馆内设立儿童阅览室，这在当时可谓首创。他还长期兼任台湾大学教授，直到1955年4月30日卸任馆长，专任教职。

巴金对这些离开大陆去台湾的老朋友，都忘不了他们对他的美好的感情。他们不时地有书信往来，相互传递着消息，报告各自工作、生活的情况。巴金从这些朋友那里知道了台湾的美丽和富饶。同时也想考察一下文化生活出版社能不能在台湾建立一个分社。1947年6月中旬，吴克刚等人来信相邀，于是，巴金开始做去台湾旅行的准备，计划在台湾待两周的时间。6月20日他乘船跨越海峡，到达台北，他就住在老友吴克刚家里。尽管他们只分别两年，对有些问题的看法，差距比在法国时也许更大，但他们之间的友谊并没有因此而削弱。当时，吴克刚正担任图书馆馆长，但生活并不宽裕。巴金受到吴克刚的热情接待，虽然住的不过是极普通的房间，吃的也是一般菜肴，出游也得乘公共车辆，但像十几年前在泉州一样，他感到自己被友谊包围着，沐浴在友谊的阳光之中。他还会见了黎烈文等人，黎当时在台湾大学教书，是一个普通的教授，不受重视，生活也不宽裕，课外仍然从事翻译工作，巴金与黎烈文商谈在台北开办文化生活出版社分社的事，黎烈文帮助他把房子也看好了，但后来事情有变，最终没有成功。巴金在台湾比原计划多待了一些日子，7月22日巴金才从基隆坐船返回上海。

1949年以后，海峡两岸，云天阻隔，他们之间也就断了来往，但二十年的友好交往，岂能忘怀，恰似美酒，愈久愈醇。巴金一刻也没有忘记这些朋友们。20世纪80年代，中国新闻社曾发一条消息，说巴金想念台湾的友人，尤其是一个属兔的友人。这个友人指的就是吴克刚。吴克刚长巴金一岁，生于1903年，按农历算这一年是癸卯年，是兔年。吴克刚知道这一信息后，深为感动。在巴金早年参加社会革命时的一批友人，吴克刚、卫惠林、毛一波、索非等，也曾于80年代初在台湾聚会，自然想到巴金，大有"遍插茱萸少一人"之感。

随着两岸关系的缓和，先是1982年卫惠林以社会学家的身份到大陆讲学，他与巴金几次晤面畅谈。巴金也想念台湾的朋友，希望能再到台湾旅行、访友。1988年11月，巴金在家中接待了早年平民中学的校友李振扬夫妇等。李振扬告诉巴金，台湾有黎明高中、平民中学的校友一百多人，大家都盼望巴金赴台访问。访台是巴金的夙愿，但已是八十四岁的高龄，自知年迈体衰，不堪旅途劳顿，更难耐访问酬酢之役，遂婉言谢绝访台邀请。后又有友人从香港来电话，表示可以代办去台湾的手续，女儿李小林接的电话，代为解释了暂难访台的原因。巴金虽未能再踏上宝岛台湾的土地，但在大陆迎来了他最想念的朋友吴克刚。

六、晚年相聚

1989年2月9日，巴金因腰部和脊椎疼痛住进华东医院。4月27日，他在医院迎接了从台湾跨海而来的挚友吴克刚。离上一次他们在台湾见面，转瞬之间四十二年过去了。经历过时代的风风雨雨，当年在巴黎时，风华正茂的两个年轻人，都已经是白发苍苍的耄耋老人了。但他们的友谊之树，仍然鲜活碧绿。两个人紧紧地握着双手，久久地相互凝视着，默然相对，都想在对方的脸上多找出一些青春的影子。

吴克刚坚持练印度瑜伽，身体很健壮，绝不像一个八十七岁的老人。分手四十余年后来看望老朋友，吴克刚没有带什么鲜花、糖果、滋养品之类的世俗礼物，他带来的是两本书：一本是外文书，是关于他们都很关心的社会科学问题的书；另一本是薄薄的小册子，讲治疗帕金森症的医学书。这个小册子吴克刚自己一定非常认真地读过，上面画满了"红杠杠"，那是他认为重要的部分，或者患者应该注意的内容。一本小册子，见证了老朋友的真正的关心，真诚的友情。

吴克刚看到巴金生病住院，想起当年自己在泉州黎明高中患伤寒的情景，往事如昨。他希望巴金快点好起来，就劝巴金练瑜伽，说着，他当场表演给巴金看。巴金认真地听着他的讲解，专注地看着他的表演，还不时地说："好，好……"巴金似乎被吴克刚的热情所感染，也"依样画葫芦"地伸展了几下手臂，他自己也笑了。

吴克刚还给巴金带来台湾黎明校友吴君赠巴金的一万台币，巴金坚辞不受。他建议把这笔钱赠予泉州黎明职业大学董事会。巴金从1987年10月董事会成立，一直担任董事会的名誉董事长。这笔钱后来由董事会拨给黎明职业大学的巴金研究所。

在交谈中，吴克刚告诉巴金，他一年前丧偶，决定回大陆定居，在上海或无锡寻找一个合适的居住地，这样他们可以更多地见面畅谈，巴金自然非常高兴。但让巴金感到遗憾的是，吴克刚毕竟在台湾生活了几十年，已经不再习惯大陆的生活，最终放弃了回大陆定居的打算。

这次见面，吴克刚还提出另外一件重要的事情。吴克刚无时不在关心着巴金在大陆的状况，特别是巴金取得的文学成就更令他激奋。出于对巴金多年文学成就的期望，他十分希望巴金能代表中国人获得诺贝尔文学奖。而且他知道海外的许多华裔人士，也为巴金始终被拒绝在诺贝尔文学奖评奖范畴之外而深感不平。正是出于这种心态，吴克刚等人主张在美国聘请一些学者，设法把巴金的选集或者近年在国内出版的全集，翻译成英文，因为这是必备的条件。吴克刚先是通过巴金的养子马小弥，给巴金间接传递信息，先要得到巴金的首肯，但巴金对此丝毫不感兴趣。这次见面，吴克刚再次提出这个问题，巴金态度依然如故。

当吴克刚说："李先生，既然我们在美国的朋友们，都准备为您做一点好事，可您为什么始终持这种漠然的态度呢？"巴金说："不，我们最好不谈这个。"巴金发现吴克刚确是出于一种真诚之心，关心他写作生涯最后是否能得到世界性的承认与肯定。巴金又说："对于诺贝尔文学奖，我连一点兴趣也没有，还是不要再操这个心了！……"巴金之所以这样看待诺贝尔文学奖，原因在于这个奖项多年来始终疏远于最早产生古代文明的泱泱中华大国，甚至有人在敌视中国的文学。因此，巴金和吴克刚的谈话，很快就转向他们共同感兴趣的话题上去。

时间像流水一样汩汩逝去，转眼一个半小时过去了。吴克刚该告辞了，他们依依不舍，巴金坐在藤椅上，吴克刚在背后坐下，一只手搂着巴金的肩膀，一只手扶着他的胳膊，小端端也走到外公的膝前，进入镜头。这是四十二年前在台湾站在吴克刚家门口照相以后，又一次合影照相，但是这次是在上海的医院，而且两个人都坐着……他们握手、拥抱，一切尽在不言中。似乎心里都清楚，已届暮年，又海天茫茫，何时再相逢？更应互道珍重了。

巴金说吴克刚"他身体好，又会瑜伽功，一定比我长寿"。但造化不如人愿，1999年5月，吴克刚以九十六岁的高龄，先于巴金离开这个世界。现在巴金也已经辞世十几年了，他们一定又在天国相会，说不定为着什么事情，两位朋友又要常常争论了。

巴金与陈范予

巴金在20世纪30年代有一个很重要的朋友圈,就是三访泉州的黎明高中和平民中学,结交的那些朋友。这些人有着共同的理想和信仰,也就是巴金所称的"美丽的安那其主义"。在中国无政府主义运动已经式微的时候,他们聚集在泉州这个最后的基地,想通过办教育的方式,为社会、为民众做些踏踏实实的工作,来实现他们的理想。这些人是一群有文化、爱自由、爱人类、心地善良、激情似火、有献身精神的三十岁左右的年轻人,他们为了理想和信念拼命地工作着,甚至牺牲健康,牺牲家庭生活,把自己的心血作燃料,供给那理想,多放一点光辉。陈范予就是其中的一位。

一、陈范予的早年经历

陈范予(1901—1941)出身于浙江诸暨连湖乡山后

村一个农民家庭。本名昌标，字范予。笔名范庸、范宇、万雨、乐我等。他家庭贫穷，没有土地，父亲陈澄海租种别人的田地耕种，农闲时酿酒以度日。1918年，陈范予高小毕业后入杭州浙江省立第一师范学校，当年的同学中有后来成为著名文学家的柔石、潘漠华、冯雪峰等人。在校期间，受博物教员王祺影响而信仰无政府主义。第二年"五四"运动爆发，范予参加宣传活动。同年12月发生福州惨案，他与八名同学组织宣传演讲队到萧山搞宣传。1920年，发生了"一师风潮"，陈范予参加各类请愿活动，举办工余补习学校，积极支持和协助浙江印刷公司的工人建立具有近代工会性质的"互助会"，并与共产党人宣中华、施存统等一起创办了浙江省第一张工人报纸《曲江工潮》。在校长经亨颐和教师陈望道等人支持下，"一师学潮"取得了胜利。1921年春，在朱自清、叶圣陶、刘延陵等教员的指导下，陈范予和魏金枝、柔石、潘漠华、汪静之、冯雪峰等组织文学社团"晨光社"，从事文学创作活动。几个人当中汪静之、潘漠华、冯雪峰都在迷恋着新诗歌，当时陈范予也喜欢新诗并写新诗（陈范予留下近二百首诗，编入《倩影——陈范予诗文集》，2011年香港文汇出版社刊）。这年6月，他担任了《曲江工潮》的主编。陈范予1923年从第一师范学校毕业后，曾在浙江慈溪普迪小学任教，与柔石是同事。后来又在上海民国女子工艺艺术学校、杭州第一中学等校任教。1926年陈范予赴福建厦门鼓浪屿，编《民钟日报》副刊，在此期间，他发表时事评论、诗、散文、科普读物等多篇。他还曾在上海国立劳动大学工学院任教，讲授社会问题和社会主义史等课程，公开宣传"社会里出现'人吃人'现象，是私有制的结果"。其后，他到立达学园高中部教社会问题课。1928年下半年，应莫纪彭之邀赴香港，编《大同日报》。1929年上半年离开香港。夏季疾病复发，在杭州王祺老师家疗养。到秋天病情好转，任厦门大学生物学教研室名誉助教，致力于生物、天文等自然科学的研究和教学，同时热心社会改革。

早在第一师范时，陈范予就已经染上当时的不治之症——肺结核。在他毕业前夕的1923年3月发生的"一师毒案"中，他险些丧命，虽然被救治过来，但对他的健康造成了巨大的损害。这些年来，抱着日渐恶化的疾病，他辗转于沪、江、浙、闽之间，虽有两段编报的经历，但他始终没有放弃过教育事业。

二、与巴金的友谊

1930年秋，陈范予到福建泉州黎明高中任教。当时泉州聚集着一批信仰无政府主义的热血青年，他们办了两所学校，除了黎明高中，还有一所平民学校，两所学校分别建在武庙和文庙里。黎明高中的校长是巴金留学法国时的朋友吴克刚，他先于巴金回国，应邀到黎明高中担任校长。这一年的8月下旬，吴克刚写信邀请巴金来学校度暑假。9月上旬，巴金途经厦门，先到鼓浪屿旅游，三天后的一个早晨，搭乘汽车到达福建泉州。

这是巴金第一次到泉州，就是这次泉州之行，他与陈范予相识，并开始了他们长达十二年的友谊。在那个古城里，巴金不但与老朋友吴克刚、卫惠林重聚，还结识了郭安仁、叶非英、林憾庐等朋友。这是一群热情、真诚、纯朴而又有才华的年轻人。共同的理想和信仰把他们凝聚在一起，巴金与他们意气相投，与陈范予一见如故。晚上，他们经常聚在武庙的凉台上，有时三两个人，有时五六个人，或站着，或坐着，或倚靠着栏杆，兴奋地议论着世界大事。他们还一起看秋夜的星空，从星球的生命中，了解"存在界"的意义。

陈范予是教生物的。他崇尚科学，通过宇宙问题的探讨构成了自己的生活哲学。白天，陈范予从外面那些浮着绿萍的水沼、水潭里带回来一杯或一瓶污水，在显微镜下面展示出一滴水中的世界，使巴金看见无数的原生动物的活动与死亡。巴金说，在陈范予那里他看见了那无穷大的世界，也看见了那无穷小的世界。

巴金到泉州不久，吴克刚患伤寒症住进医院。吴克刚病愈后，应另外一些人的邀请，到河南百泉去教书。陈范予接替吴克刚照料学校行政事务。但这时巴金突然发起了高烧，最高烧到 102 华氏度。是陈范予一直在照料着他，给他送水、帮他服药，没有几天，巴金的烧就退了，恢复了健康。在这种亲密的接触中，他们交流对社会问题的看法。巴金发觉陈范予是个非常切实的人，即使谈理想，他也从不把自己放到幻境里去。

巴金在泉州住了二十多天，他过得非常快乐，使他暂时摆脱了寂寞，忘记了烦恼，沐浴在友谊的阳光里。巴金回忆起泉州那段生活，动情地说："我一生中最快乐的日子（可惜非常短促）就是在那样的土地上度过的。"他喜爱这块明亮的红土，那里仿佛有他长久追求的乌托邦的影子，但却比较实在和美好。他从陈范予、吴克刚、叶非英等朋友的身上吸收了热量，又回到他在上海的家中，继续他的文学创作，再把这些热量散发给别人。

不久，陈范予也离开了黎明高中，到南京中学去任教。在南京他参加了中国天文学学会。1931 年 1 月 17 日，陈范予的老同学、共产党员、作家柔石参加在上海东方饭店举行的讨论王明路线问题的会议时，因叛徒出卖，遭国民党军警逮捕。陈范予参加了营救柔石的活动，他为此四处奔走，但一切无效，2 月 17 日，柔石与殷夫、欧阳立安等二十三位共产党人一同被国民党反动派秘密杀害。

陈范予到南京后，与先于他来到南京，在中央研究院工作的卫惠林又相聚了。这一年的 1 月在河南百泉中学任教的吴克刚也来到南京,于是,陈范予就写信邀请巴金来南京,与老朋友们相聚。巴金1月25日从上海乘火车赴宁,在与朋友快乐地聚会几天后,在回程中赶上"一·二八"事变,使本来很愉快的南京之行变得黯然失色。

这一年的四月,陈范予与巴金一起,又进行了一次营救朋友的活动。原来巴金与朋友黄子方和伍禅同住在步高里52号,后来房东要把房子顶让,让承顶者做二房东。巴金等人一时拿不出钱来,只得从那里搬出来。巴金搬到环龙路志丰里11号他的舅父家中暂住,黄子方、伍禅则另觅住所。一天黄子方找到巴金说,伍禅到朋友家洗澡,被法租界巡捕房误当"共产党嫌疑犯"抓去了。巴金当即与黄子方等设法奔走营救,巴金找到陈范予,他们又一起找到立达学园创办人匡互生,匡互生托请在国民党政府任要职的李石曾写信证明,这样伍禅及与他同时被捕的两位朋友,才获无罪释放。

1932年冬,陈范予应匡互生之邀,赴上海郊外南翔的立达学园,任农村教育科主任,同时兼任福建泉州平民中学校长。在立达学园,陈范予离巴金更近了,他们之间的友谊还延及巴金的亲人。巴金的小弟李采臣比巴金小九岁,1933年他离开老家成都到上海,找他的四哥巴金。因为他在家乡只念了两个月的高中,就到南翔立达学园高中部农村教育科读书,科主任正是陈范予,自然对他关怀备至。1935年春，李采臣想去日本而没有成功，但又不愿意回到立达学园继续读书，便由巴金好友马宗融介绍到南京建设委员会东流农场，以实习生名义在那里工作，但他只干了四个月。后来，陈范予给他去信，劝他再回立达完成学业，李采臣便又回到立达学园。陈范予不但把采臣劝回立达，而且帮助巴金支付他在立达学习期间的所有生活费用。

三、陈范予的创作与翻译

十多年来，陈范予在默默地教书、研究之余，还抱病完成了《新宇宙观》《宇宙的雕琢》和《生长的研究》等著作，并翻译出版了《达尔文》《科学方法精萃》《科学与人生》等。据说，这三部书都是陈范予在"胸部剧痛"和"咳嗽厉害"的情形中完成的，而当时的社会报答陈范予这位弱书生的只是贫穷困苦，以至于无力医病。

陈范予的著作中，当数《新宇宙观》的影响最大。《新宇宙观》由上海文化生活出版社出版，"民国二十五年（一九三六年）七月初版"；它是巴金主编的《文化生活丛刊》第十三种。全书包含《空间的广大》《时间的永恒》《建筑宇宙的材料》《宇宙的机构》等七章，另有"大熊座的星云""武仙座的星团""大犬座的涡状星云"等六幅插图。书中所讲解的关于天文学、物理学的知识，不但能使人们对科学产生兴趣和追求,更是使读者萌生对宇宙的感情,进而明了自己与宇宙血肉相连的关系,省察到自己担负的使命以及对于人生应尽的义务,书中自然与人文构架成一幅广阔的大生活的场景。

1936年1月,陈范予离开立达学园。10月,应沈仲九之邀到福州,任福建省民众教育师资训练处处长。抗日战争爆发后,陈范予抱病辗转于福建南平、永安、连城、三明、崇安等地,协助黎烈文创办改进出版社,是《改进》《现代文艺》《现代青年》等杂志的主要撰稿人之一。在此前后,他创作出一些优美的散文。

巴金非常欣赏陈范予的散文《战士颂》,1938年7月16日,巴金写了一篇杂文《做一个战士》刊登在《少年读物》半月刊创刊特大号上。他在文中,引述了陈范予《战士颂》中的话:"我激荡在这绵绵不息、滂沱四方的生命洪流中,我应该追逐这洪流,而且追过它,自己去制造更广、更深的洪流。我如果是一盏灯,这灯的用处便是照彻那多量的黑暗。我如果是海潮,便鼓起波涛去洗涤海边一切陈腐的积物。"

陈范予对自己生命中遭遇到的病痛和苦难,总是以欢乐去面对。正如他自己在《人之欢乐》一文中所说:"有人把人生当作秕糠,我却以为它是谷粒。有人把人生视同幻梦,我却以为它是实在。有人把人生作为苦乐,我却以为它是欢乐。有许多人以人生为苦恼、黑暗、艰难、乏味、滞钝、不自由、憎恨、丑恶、柔弱的象征，我却认为人生是爱、美、光明、自由、活泼、有为、创造、进步的本身。"

后来，陈范予的肺病不断恶化，他不得不到崇安武夷山，边休养治病，边撰写文章，直到他躺在病床上的最后一刻，还在写着一篇题目叫《理想社会》的文章。

1941年2月15日，陈范予终因肺结核病逝世于福建崇安，年仅三十九岁。

四、巴金的哀悼

巴金是在重庆获悉陈范予病逝噩耗的。巴金为十二年来"关切、鼓励、期望、扶助"自己的好友的死，感到"寂寞"和"巨大的损失"。

巴金还收到陈范予生前寄出的告别信，陈范予在信中写道："无论属于公的或属于私的，我有千言万语需要对你说，但我无从说起。"说到自己的病情时，他写道："自去年冬至节以后，忽然变成终日喘哮不绝，且痰塞喉间，呼噜呼噜作响，咽喉剧痛，声音全部哑失。现由中西医诊断，谓阴历十二月一个月为生死关键。最近几个月……连鲜牛奶、鸡汁都不能自由地吃。四肢和身躯已成枯柴……"捧着好友最后的绝笔来信，巴金不忍卒读，痛苦万状，泪流满面。后来巴金在文章中说："我读了开头的几句……我只有伏在书桌上淌眼泪,范兄,我不是在为你流泪,我是在哭我自己。"他不能想象好友陈范予在病魔折磨到最后万分痛苦的情况下,艰难地执笔给自己写信的情景,是什么力量在生命的最后关头,这样热情地散布,并给他写来这么一封充满友爱的信呢?完全有理由这样认为,巴金与陈范予之间的友谊是建立在理想共鸣基础上的,可称之为挚友、知己之间的心灵之交。

这一年的6月13日,巴金在重庆沙坪坝,夜雨绵绵,屋子漏水。他整夜发着高热,他躺在床上,不能闭上眼睛。他想起了善良仁厚的亡友陈范予,心燃烧着,身体燃烧着,但头脑却是清醒的。第二天,他强忍病痛写作《悼范兄》一文,寄托对亡友的悼念,但因发热而中断。几天后热才退去,到6月17日完成散文《悼范兄》。这篇长达五千字的文章,刊登在《抗战文艺》第七卷第四期、第五期合刊上;又登载在福建永安《现代文艺》第四卷第二期上,题目为《死——纪念范予兄》。

巴金在这篇出自肺腑的《悼范兄》中,以真挚的感情描述了他们之间十二年的交往,高度评价了陈范予的一生。他说,陈范予像一个播种的农夫,永远在散播生命的种子。你以一种超人的力量平静地吞食了那一切难忍的病痛,将它们化作生命的甘泉而吐出来。称赞他,"谦逊、大量、勤勉、刻苦","不是一个充满夺目光彩的豪士,也不是一个口若悬河的辩才。你是用诚挚,用理智,用坚信,用恒心来感动人的。别人把崇高的理想用来做成自己头顶上的圆光的时候,你却默默地在打算怎样为它工作,为它牺牲。所以你牺牲了健康,牺牲了家庭幸福,将自己的心血作为燃料,供给那理想多放一点光辉"。巴金赞美陈范予是一位坚强的"战士"。

五、巴金为朋友最后做的事情

陈范予死于肺病,没过几年,巴金又有两位好朋友也死于肺病,那就是1944年死于桂林的王鲁彦(年仅四十三岁)和1945年死于重庆北碚的缪崇群(年仅三十八岁)。当1945年巴金再次提起笔来,创作中断的长篇小说《寒夜》的时候,这些因肺病去世的朋友的影子,就一起浮现在他的眼前。《寒夜》里主人公汪文宣也患肺病,他那样痛苦地抓着自己的喉咙,那样挣扎地说不出话来,那样痰涌喉间,嗓音哑失,人们感觉巴金写汪文宣就是在写陈范予;新墓前孤零零的两个纸制花圈,就是缪崇群下葬的凄凉景象……在巴金这部"控诉旧社会,控诉旧制度",要"宣判旧社会、旧制度的死刑"的长篇小说《寒夜》中,永远留下了陈范予、缪崇群为代表的,生活在黑暗现实和社会重压下,正直、善良、有正义感的知识分子的形象。

日本巴金研究专家坂井洋史先生,多年来一直关注巴金的这位早年的朋友，经过多年的调查、走访，1997年，在陈范予女儿陈宝青和女婿汤纲的帮助下，整理编撰完成了一本《陈范予日记》。这年3月，坂井洋史先生拿到了他任职学校日本一桥大学的赞助基金，联系在上海学林出版社出版。复旦大学陈思和教授提出建议：请巴金为此书写篇序文并题写书名。当时，巴金在华东医院卧病已经三年之久，坂井洋史先生觉得不便也不能奢求巴金写序文，因此只请求把《悼范兄》一文刊于书中。巴金愉快地题写了书名"陈范予日记"五个字，并在"巴金题"三字上钤上自己的图章。但遗憾的是巴金题写的这个书名，因为印刷时间的原因，没有用在封面上，而是印在书的图版页上。《陈范予日记》由学林出版社1997年9月出版。《陈范予日记》出版后不久，巴金在病榻上说："坂井做得好。"

这是晚年的巴金，为他半个世纪前逝世的朋友陈范予做的最后一件事情，这又是一段有关巴金的文坛佳话。

巴金与缪崇群

缪崇群是新文学史上一位甘于寂寞、穷而后工的散文家。他有着一副温和而善良的面容,脸色看上去总是有些苍白。他有一双包着水的眼睛,一张含着微笑的嘴唇和一颗孤寂而又真诚的心。他拖着病弱的身体,过着穷困的日子,早早地走完了自己三十八年的人生。

缪崇群(1907—1945),出身于江苏泰州一个知识分子家庭,后随父母迁居北京,在北京读完小学和初中。1923年,缪崇群转入天津南开中学读高中。在班上,他和喜欢文学的章靳以、韩侍桁成了同窗好友。他的父亲是大学教师,母亲也有文化。然而父母的关系却不融洽,家中成员多有疾病,还在他求学期间,哥哥、母亲先后病逝。如此沉重、阴郁的生活环境,使他从小就养成多愁善感的性格。1925年前后,他去日本留学三年,回国后,在北平、上海、南京等地奔波谋生,并开始从事文学活动,结识了少数几个文友。他曾几次失恋,留下感情的创伤,又长期患肺病,生活相当寂寞艰辛。1932年结婚,妻子也患有肺病,不久先他而逝,从此就孤身生活。抗日战争爆发后,他拖着病弱的身体,辗转流徙到西南,在重庆北碚一家书店的编译所工作,于1945年1月15日病逝。在缪崇群短暂而寂苦的一生中,与巴金相识、相交,是他人生一个闪光的亮点。

一

从20世纪30年代起,巴金的交友取向有了一个明显的变化。那时结识的朋友不再是20年代热衷于社会改革、从事政治宣传、信仰"美丽的安那其主义"的热血青年,而是另外一些继承"五四"新文化传统,追求自由、进步,投身文学创作的青年。缪崇群就是其中重要的一位。

巴金与缪崇群的相识纯属偶然。1931年6月,巴金从上海到南京,本来是去看望一位名叫左胥之的朋友,这位朋友编有一份《文艺月刊》。当巴金来到成贤街一座小楼的楼上时,他要找的左胥之外出没有回来,却见到一位瘦弱的青年人,一问才知道他就是已经通了半年信的缪崇群。当时缪崇群正代替左胥之编辑《文艺月刊》。巴金与他就谈开了,两人虽然是第一次见面,但此前不仅通过信,还相互读过对方的作品,并且有一个共同的朋友章靳以,在等待朋友的两个小时里,他们谈了将近一个半小时。巴金后来回忆说："这不是普通的寒暄，这是肝胆的披沥，心灵的吐露。我没有谈起我的过去，你也不曾说到你的身世，可是这天傍晚我们握手分别时，却像是相知数十年的老友。"

此后，巴金应缪崇群的邀约，定期给《文艺月刊》寄稿，几乎每个月在一定的日期，巴金都要给《文艺月刊》寄去一篇作品。有一次，巴金寄去一篇散文《我的眼泪》，这篇散文是为了纪念那个被称为"二十世纪最优美的精神"，在美国无辜被送上电椅处死的意大利鱼贩子凡宰特而写的。收到巴金的作品，缪崇群读后，给巴金写了一封信，说他很受感动。但是，缪崇群的上司，杂志社的老板不同意发表，为此缪崇群和他的上司发生了争执，缪崇群又把这一情况写信告诉了巴金，并提出如果不让发表，他就要辞职。巴金不愿意看到朋友为自己的一件小事，就放弃这份工作，就另外写了一个短篇小说《一封信》，这篇小说在本来应该发表《我的眼泪》的那一期发表了。尽管如此，缪崇群仍不妥协，最后老板不得不让步，《我的眼泪》在随后的一期，即1931年10月30日《文艺月刊》第二卷第十期上发表了。这是友情，也是对作家的负责态度，更是为了争取创作自由的权利。文弱的缪崇群在这时一点也不示弱，十分执着地履行一个编辑的职责。

缪崇群是一个工作非常认真负责的编辑，即使是朋友的文章,他也是直率而诚恳地提出自己的批评意见。他每次收到巴金的来稿,总是认真地写出自己读后的意见,有时还毫不客气地指出作品的缺点和不足,他把这看作是对朋友的爱和奉献。虽然后来缪崇群不再编刊物,离开了杂志社,离开了南京,但他仍然这样热情地对待巴金的作品。1944年10月,巴金的小说《憩园》由重庆文化生活出版社出版,这是一部充满悲伤气息的牧歌式的作品,它的巧妙的构思,娓娓道来的叙事风格,以及充满强烈对比的人物形象都表示,这是巴金创作走向巅峰的一部作品。小说一出版,就在读者和他的朋友中赢得了一致的赞扬声。巴金向好友们分赠自己的新作品,缪崇群也收到一册。不久,缪崇群给巴金写信来,客气地指出了《憩园》中的一些小毛病,而这些是巴金自己,以及读过这本小说的其他朋友,都没有看出来的。巴金颇为感动,称缪崇群是一位"精细的读者"。

二

与缪崇群相识半年后的1932年初,巴金再次到南京与缪崇群见面。那次是巴金应从福建泉州来南京工作的陈范予之邀,去会见从河南来的吴克刚和已在南京的卫惠林。巴金于1月25日离开上海去南京,他随身只带了刚写了个开头的《海底梦》的几页稿子。在南京期间，除了会见吴克刚等人外，他又去看望缪崇群，缪崇群送给巴金一根文明棍（手杖）和几份《文艺月刊》。三天后的晚上，巴金搭宁沪快车启程回上海，但车到丹阳站就不能再往前行驶了，因为日本军队在上海发动了进攻，这就是"一·二八"事件。火车将旅客又送回了南京。下车后，巴金先找到住处，就急急忙忙去缪崇群那里打听消息。缪崇群正为巴金担心，见他安全回来，感到意外的惊喜。而他获得的消息是上海"闸北大火，居民死伤无数"。缪崇群劝他在南京多住几天，巴金没有答应，他丢不下上海的许多朋友以及住所里十多年辛苦搜集起来的书籍。他向缪崇群借了一点路费，回到鼓楼一家旅社，找到从汉口来的朋友，商谈后，决定第二天到中国旅行社打听船期，乘船回上海。但这时南京到上海的水路交通也断了，巴金困居南京数日，几经周折，才于2月5日带着《海底梦》的七页原稿、缪崇群送的手杖、几份《文艺月刊》和一包书，从上海外滩太古码头上岸，结束了这次不愉快的旅行。

但是，1932年秋天巴金到北平看望缪崇群的那次旅行却是非常愉快的。他是从青岛去北平的，这年9月初，巴金先到青岛，在沈从文任教的山东大学住了一周，他借用沈从文的办公桌写了短篇小说《爱》，还写了《砂丁》的序，然后，从青岛去北平。他难忘缪崇群1932年1月底在南京接待他的热情，当时，缪崇群要他在南京多待些日子，还要巴金不要住在旅馆了，搬来和他同住。巴金虽然没有接受这个建议，但是他感激缪崇群在他无家可归时伸出的双手。现在，缪崇群从南京来到北平，是为了料理他父亲的丧事。他与新婚的妻子张祖英住在一个公寓里，他们刚刚过着"蜜蜂一般的生活"。他们夫妇俩热情欢迎巴金的到来，张祖英和缪崇群是同样的善良，她特地缝制了一床新被子，让巴金盖用，因为他们的住处窄小，她就搬到娘家去住，让巴金与自己的丈夫睡在一张床上。白天，缪崇群夫妻二人一起陪着巴金去看电影、游故宫。其实，那时候缪崇群和他的妻子都患有肺病，而且一天比一天严重，身体状况很坏。有一次，他们陪巴金去游故宫的三殿，他们就让巴金一个人进去，两人在进门处的石阶上等着他，缪崇群告诉巴金，他实在没有力气走到里面去了。还有一次，他们陪巴金看完电影后，又到附近一家广东酒楼吃饭。两个人红着脸（那是肺病的症状），忍住病痛，带着欢笑张罗着，尽量地把欢乐带给朋友。晚上，缪崇群和巴金抵足而眠，聊天到深夜，入睡后巴金常被缪崇群的梦呓和咳嗽声惊醒。一到早上，缪崇群就问巴金是否睡得好，巴金却总是说睡得很好。他们希望巴金在他们的家里过得愉快。巴金在这期间仍然在写作，他在缪崇群的那个小小的公寓里，写了短篇小说《电椅》，还写了一篇题目叫《灵魂的呼号》的散文的开头。巴金在缪崇群家快乐地住了七天，就离开了北平，去天津看望在南开中学教书的三哥尧林。缪崇群夫妻，还有卞之琳为他送行，他们抢着为巴金提行李，缪崇群夫妻像哥哥和嫂嫂那样，频频叮嘱他路上注意安全，但就是没有说到他们自己的健康。巴金很想说几句安慰和感激的话，但他不善言辞，满腔感激心情，竟一时无从表达。当巴金挥手向崇群夫妻做最后告别时，他没有想到，这是他与缪崇群妻子张祖英的最后一面。

三

巴金与缪崇群在这次相聚之后，再也没有过这种"同桌吃饭，同床安眠"的快乐了。他们更多的是书信往来，虽然以后也见过面，但最多是三两日的盘桓，甚至是匆匆一面。

1932年的10月中旬，巴金从世界语转译的匈牙利作家尤利·巴基的《秋天里的春天》，由上海开明书店出版。得到样书，他立即给缪崇群夫妇寄去一册，希望身患肺病的缪崇群有信心"活下去"，能"强健起来，享受生活里的幸福"，让书和友谊像"春风扇起朋友生命之烈焰"。

两个月后的12月下旬，巴金收到缪崇群的来信。缪崇群在信中说，他看到巴金"身体衰竭"，劝巴金到南方去旅游，以恢复体力和精神。巴金读了信，深为感动。

他的这个朋友总是处处为别人着想，从不想到自己。在与之不长的交往中，感到他是一个心地善良的人，他从不肯麻烦别人，而且怕伤害到别人。

第二年（1933年），大约9月上旬，巴金又收到缪崇群从南京的来信。在信中，缪崇群向巴金倾诉：他思念"纯洁与伟大"的心灵，向往"洒脱和轻松"的生活，但流露出身患重病的悲哀。几天后，巴金应沈从文之邀去北平。他是乘夜晚12点的火车离开上海。第二天早晨8点，车抵南京，他冒雨坐小火轮到浦江，中午11点转乘津浦线离开南京。由于天下着雨，他为没有能在南京小住、访友而深感"遗憾"。他在火车上挂念着病中的缪崇群，心上感到"重压"，只能默默地祝愿他早日恢复健康、获得幸福。

一年后的1934年11月，巴金与缪崇群有过一次短暂的会面。缪崇群从南京到上海，住在上海的一家公寓里，巴金去看望他。与缪崇群在一起的还有一个一脸油滑，发表过几篇短文的作家，巴金平时最讨厌这类油腔滑调的"文人"，所以坐了大约半点钟，匆匆告辞。匆忙中忘了要缪崇群的新地址，这一别竟然近两年时间没有通信联系。

巴金再次收到缪崇群的信，传来的却是一个噩耗。1936年9月23日傍晚，巴金到一个饭店去与朋友晤面，得到缪崇群从南京寄来的快信。缪崇群在信中告诉巴金，他的妻子张祖英已于8月25日病逝,信中流露出他对亡妻的绵绵哀思。巴金反复地读着信,几乎要当着几个朋友的面把眼泪流出来,但终于用极大的努力忍住了。巴金甚至开始大声说笑话,想用这种方法,压抑住自己内心的痛苦和悲哀,似乎想完全忘掉这件事情。但这怎么可能呢,那个有着红红脸颊的面庞,和那张苍白的消瘦的脸,一直在他眼前晃动。

四

1937年7月,抗日战争爆发,处于国难中的巴金和缪崇群辗转各地,各自为了工作,为了生活奔忙着。但不论在广州,在桂林,还是在重庆,他们仍然保持着联系,并有过几次相遇共游,他们还曾在一起憧憬着战争结束后,能够在安定的生活环境中,与几个志同道合的朋友,在同一出版社或同一编辑部里一起工作、一起生活。

1938年5月下旬,巴金接到缪崇群从桂林发来的信。缪崇群在信里告诉巴金,他的"身体比以前健康"了,对未来充满了自信。巴金获得这个消息,感到非常欣慰。

这一年从3月份起,巴金为了编抗日刊物《烽火》的事情,多次往返于上海、武汉、广州之间。10月22日在广州沦陷前的十个小时,巴金与女友萧珊等人离开广州,一路辗转、奔波，到11月8日，到达桂林，住进漓江东岸福隆街的木板房。到达桂林的第二天，在一家北方饭馆里，他遇到缪崇群。他乡遇故知，两人都非常高兴。在巴金看来，缪崇群的身体果然有了起色，人胖了些，气色也好看了些，精神也好了些。他还告诉巴金：现在能吃能走。他陪着巴金走很远的路，遍游了桂林的山水。

1939年2月的一天，巴金与萧珊躲警报后回来，看到缪崇群正在屋里等他们。萧珊还为缪崇群编织了一件毛背心，缪崇群抚摸着这件轻柔温暖的毛衣，称萧珊是"一个好心的女孩子"。在缪崇群离开广西前，为等候便车，曾搬到巴金那里，一同"过了好几天愉快的日子"。

这一年9月，缪崇群为了谋生，从越南海防登陆，乘法国人修建的窄轨"滇越路"，到云南南部小城石屏，任小学教员。他在那里，写了一组记叙石屏学校、车站、猫头鹰、小花（海菜花）、校长、学生等风光世情的散文，后来编成散文集《石屏随笔》，于1942年1月由文化生活出版社出版，列入巴金主编的《文学丛刊》第七集。巴金在《石屏随笔》的《代序》中提到了缪崇群书中所写的一句话："我铭感着人间还有熏风，还有灵雨，还有同情，还有自然的流露，还有爱。"在那样一个动乱的年代，缪崇群依然有着这种对人性的感悟，对巴金是一种震撼，对读者同样也是一种极大的震撼。

但是，缪崇群没有在石屏待多久，到1940年，他又来到大后方重庆的远郊北碚。在复旦大学任教的章靳以为他奔走谋职，但都因为他身患肺病而没有成功。后来，他在设在缙云山麓金刚碑小街上的正中书局某了一份工作，担任编辑兼校对。

巴金在写于 1940 年 5 月的《〈秋〉序》中说："是友情洗去了这本小说的阴郁的颜色。是那些朋友的面影使我隐约地听见快乐的笑声。我应该特别提出来四个人：远在成都的 W.L.，在石屏的 C.T.，在昆明的 L.P. 和我的哥哥。"巴金提到的"在石屏的 C.T."就是缪崇群，他并且说："没有他们，我的《秋》不会有这样的结尾，我不会让觉新继续活下去，也不会让觉民和琴订婚、结婚……我请他们记住琴的话：'并没有一个永久的秋天。秋天过了，春天就会来的。'现在我已经嗅到春天的最初的气息了。"

巴金与萧珊结婚后，来到重庆。缪崇群一听到消息，立即从北碚赶来看他们。两位朋友分别两年之后，又相聚了。缪崇群自己没有家，到处碰壁，不被人重视，一个人孤零零地生活着，看到巴金结婚，有了家，他比什么都高兴，他在巴金这个家庭里得到同情，得到友谊的接待。他们又一起游览了一些地方，在重庆、北碚、北温泉这三个地方，都留下他们的足迹和愉快的笑声。

1944 年 11 月 16 日，巴金收到缪崇群的信，他在信中说，彼此的希望"如同一坛酒，让它愈埋藏愈醇郁吧"。他们彼此的希望就是等待战争结束，朋友们能在一起，朝夕相处，为了一个共同的目标，携手奋斗。11月29日，缪崇群又给巴金写来信，说他"不久就要进城'就业'"。

但是，缪崇群并没有等到那一天。1945年初，他的病情恶化，卧床不起，被邻居送到江苏医院治疗。不料1月15日凌晨，这位战时的优秀散文家竟悄然地溘然长逝，年仅三十八岁！

五

居住在重庆市区的巴金是三天后才获悉缪崇群去世的消息的。1945年1月18日晨，巴金在报纸一角，看到用小5号字排的一条只有三四行字的简讯，知道缪崇群在于本月15日凌晨病逝于北碚江苏医院。当时报上刊载噩耗的标题是：一代散文成绝响！下午，他又接到朋友左胥之的快信，获悉缪崇群已于17日埋葬。还从左胥之等友人那里，知道了缪崇群从发病到逝世的一些具体情况：他孤身一人困居金刚碑，长期的肺病，无钱医治，也没有得到很好的调养。病魔便一步一步吞噬他的身体。到1945年初，病情恶化，眼皮浮肿，连续呕血，卧床不起。还是邻居一位老太太让自己的儿孙们，把他抬到北碚江苏医院治疗。他孤零零地躺在医院里，他又从不肯麻烦别人，在病床上连口水也喝不到。缪崇群去世后，他所任职的正中书局，派杂役将他的遗体运回金刚碑，草草埋葬于五指山下。当日，巴金怀着悲怆的心情，与章靳以、老舍、马宗融一起，去金刚碑祭奠亡友。只看到一堆新土和两个纸制花圈。眼望着五指山荒芜山坡上新垒的孤坟，想到缪崇群为了抗战，为了生活，孤身一人，远离故乡，拖着病体，来到这偏远的地方，竟成了一个伶仃的孤魂野鬼。巴金又想到与缪崇群十三年的友谊和交往，往事历历，如在眼前，他禁不住潸然泪下。

这年4月，巴金写成长达万言的《纪念一个善良的友人》，悼念缪崇群。巴金写道："我失去了我的一部分，我最好的一部分；我失去了一个爱我如手足的友人。那损失是永远不能补偿的。"巴金还在文章中，痛恨自己为友人做得太少。而事实上，缪崇群的创作始终得到巴金的支持。从1933年到1942年，缪崇群先后献给读者六本散文集，依次为《晞露集》《寄健康人》《废墟集》《夏虫集》《石屏随笔》《眷眷草》，其中的后四本都是巴金主持的文化生活出版社出版的，分别收入巴金主编的《文学丛刊》和《文季丛刊》。

1948年，巴金又搜集了缪崇群的散佚文章和书信，为他编了一本散文集《碑下随笔》。缪崇群的散文追求美感，清淡细腻，但是比较忧郁，有的甚至有点感伤。抗战开始以后，他漂流四方，过着逃难生活，残酷的现实使他的散文的风格发生了变化。他不再追求玄妙的哲理和空虚的美,而直接描绘那个战乱的岁月和人民的灾难,作品里洋溢着爱国主义精神。这一年的7月下旬,巴金在上海的酷暑中,校阅缪崇群的散文集,他把它题名为《碑下随笔》。之所以用"碑下"这个名字,一是因为"缪已作古",是"碑下人";二是因为他的"这些短文"是在"'碑下'写成的"。"碑下"指的是作者创作时居住的金刚碑,地处北碚与北泉之间,山顶上有一块天然矗立的石头,如同一座高大的碑,但碑上无字,人称金刚碑。缪崇群的宿舍就在山顶上这座石碑之下。校阅这些文章,引起对亡友的强烈思念,巴金写道:"他的名字因他的作品长存下去,而像他那样珍贵的友情,在这人间恐将永无重获之期。"这本《碑下随笔》于1948年11月,由文化生活出版社出版,收入巴金主编的《文化丛刊》第十集。巴金在《碑下随笔·后记》中说:要替缪崇群编辑一本厚厚的"崇群书简",还曾和几位朋友谈到刊行缪崇群的遗著和编印全集的计划,但是因为种种原因,这些计划最终都未能实现。

六

巴金于1944年初冬,在重庆文化生活出版社一间楼梯下面的小屋里,开始创作小说《寒夜》。这本小说原来是应老友赵家璧之约写的，要写知识分子在大后方的遭遇，但写了几页就搁下了。1945年1月15日缪崇群的去世，巴金痛感又失去一位挚友，但他看到的是斜坡上一个新掘的孤坟，两个纸制的花圈。这就是写过九本洋溢着生命呼声和求生意志的作品集、与世无争、老实善良的作家的结局。他又想到以前死去的朋友陈范予、王鲁彦，他们都像缪崇群一样，在社会上没有任何地位，是生活在社会底层的小人物，受尽损害，受尽侮辱，却一点也不敢反抗，只好逆来顺受。虽然有知识，有文化，但在社会上没有用武之地，只能靠着写文章，换点稿费，或者替人编杂志，获得点微薄的报酬，来维持自己和家人的生活。战争期间，为了生活下去，又不得不四处流徙，逃难，奔波。一旦患上疾病，特别是要命的肺病，根本没有钱医治、调养，只能是用生命来扛，来拖，直到耗尽生命的最后一点能量，像熬干了油的灯一样，熄灭了……

巴金下决心要把刚开头的长篇小说《寒夜》写下去。他深感这个社会好人不得好报，他在进行写作的时候，好像常常听到一个声音在他耳边说："要替那些小人物伸冤。"小说中的主人公汪文宣的身上，有缪崇群，也有陈范予，也有王鲁彦，以及巴金自己的影子。汪文宣在一个"半官半商"的图书公司里当校对，那个图书公司就以缪崇群工作过的正中书局做样板。巴金写的汪文宣就是像缪崇群那样忠厚、善良的小知识分子，工作辛辛苦苦，工资、地位都很低，受尽了冷遇和白眼，但他没有一丝反抗。

1961年11月20日，巴金在《谈〈寒夜〉》一文中写道："'斜坡上'的孤坟里埋着我的朋友缪崇群。那位有独特风格的散文作家很早就害肺病。我1932年1月第一次看见他，他脸色苍白，经常咳嗽，以后他的身体时好时坏，1945年1月他病死在北碚的江苏医院。他的性格有几分像汪文宣，他从来不肯麻烦别人，也害怕伤害别人，到处都不受人重视。他没有家，孤零零的一个人，静悄悄地活着……据说他进医院前，病在床上，想喝一口水也喝不到，他不肯开口，也不愿让人知道他的病痛。他断气的时候，没有一个熟人在场。我得了消息连忙赶到北碚，只看见他的新坟，就像我在小说里描写的那样。连两个纸花圈也是原来的样子，我不过把'崇群'二字换成了'文宣'。"

如果缪崇群泉下有知，一定会感激他的挚友巴金对他深刻的了解和精准的描写。

巴金与乡土文学作家王鲁彦

王鲁彦（作品署名多用鲁彦）（1901—1944）是"五四"时期文学研究会的成员，也是胡愈之创办的世界语协会理事。他坚持文艺为人生、为社会的主张，从事文学创作和世界语翻译。不管生活多么艰辛，他从来不向反动统治者屈膝。他执着战斗，奋进在现实主义创作的道路上。王鲁彦于1923年开始创作，1926年出版第一本小说散文集《柚子》，后又相继出版了短篇小说集《黄金》《童年的悲哀》《小小的心》《屋顶下》《雀鼠集》《河边》《伤兵旅馆》《我们的喇叭》，中篇小说《乡下》，长篇小说《婴儿日记》（与夫人覃英合著）《野火》，散文集《驴子和骡子》和《旅人的心》等。

鲁迅先生在《且介亭杂文二集·〈中国新文学大系〉小说二集序》中，这样评论王鲁彦的作品："看王鲁彦的一部分的作品的题材和笔致，似乎也是乡土文学的作家，但那心情，和许钦文是极其两样的。许钦文所苦恼的是失去了地上的'父亲的花园',他所烦冤的却是离开了天上的自由的乐土。"王鲁彦的这些作品和鲁迅高屋建瓴的评论,奠定了王鲁彦作为20世纪二三十年代乡土文学流派中坚作家的地位。

王鲁彦也是巴金的朋友,他们之间的友谊开始于20世纪20年代,源于世界语这一纽带。而共同理想与追求使他们的友谊保持一生。在近二十多年的风风雨雨中,在为生活和事业的奔劳中,他们相互鼓励,相互扶持,发生过许许多多令人感叹的故事……

一、海滨旅馆订交

1930年8月,巴金在法国留学时期的老朋友吴克刚邀请巴金去福建泉州做一次旅行。当时的泉州聚集着一批有理想、有信仰,对现实不满,立志以实际行动通过教育改造社会的热血青年。其中有不少是巴金的朋友。他们在这个偏僻的南国小城创办了两所学校,一所叫平民中学,一所叫黎明高中,分别设在文庙和武庙。黎明高中的校长就是吴克刚。

巴金从上海出发,先到厦门,然后到鼓浪屿旅游。鼓浪屿这个日光岩下的岛屿,海水拍岸,波浪翻天,屋宇精致,庭院花开,马路两边松柏与榕树并立,永远显得树木茂盛,山水秀丽,这一切留给巴金深刻印象。巴金在鼓浪屿的一家海滨旅馆住了三天。一天,巴金看到王鲁彦"穿着一件白衬衫,带着一个本地小孩"也来到这家旅馆。他们这样不期而遇,都感到分外的高兴。在二楼一间宽敞的房间里,他们畅谈了很久。王鲁彦虽然只比巴金大三岁,但已经是成名的作家,而这次也不是他们第一次见面,过去在北京世界语学校,巴金曾与秦抱朴一起和他见过一次面。而早在六七年前,巴金在中学时代就读过王鲁彦的作品,特别是王鲁彦的散文《狗》和《灯》中那种热烈的人道主义气息,那种对于社会不义的控诉,曾经震撼过巴金年轻的心。现在他们在这个美丽的小岛上意外相逢,有说不完的话。他们畅谈文学、社会、人生,也谈他们自己。王鲁彦当时正过着漂泊不定的生活,巴金感到他内心是孤独而寂寞的,他们谈得很投机,增进了他们相互的了解。王鲁彦是由于生活所迫,从上海来到了厦门。就在这一年的秋天,经巴金介绍,王鲁彦为华侨办的厦门《民钟日报》编副刊,同时在厦门大学兼课,教授中国文学,后来又到集美教过短时期的书。王鲁彦喜爱厦门的四季如春,风光旖旎,1931年下半年,王鲁彦又漂泊到泉州,在泉州黎明高中教书。当时那里聚集了一批文化青年和世界语者,而王鲁彦也是一位执着的世界语者。在这里朋友们时常聚会,交流思想,论文谈诗,这一段时间是王鲁彦一生中少有的快活日子。也就是从鼓浪屿的一面,开始了巴金与王鲁彦延续终生的友谊。

二、共同的世界语理想

巴金与王鲁彦建立友谊的思想基础，是共同信仰安那其主义（无政府主义），和对于世界语理想的执着。安那其主义信仰中蕴含着人道主义，世界语理想中蕴含着对世界大同的追求。巴金是一位坚守理想的世界语者，他从1918年开始接触世界语，1920年参加朝鲜人高自性在成都举办的世界语班，正式学习世界语，1922年到1925年在南京上学期间，他每天坚持一小时的世界语学习，从不间断。1928年从法国回国后，在上海世界语学会编辑《绿光》，并开始翻译世界语文学作品，主要有《过客之花》《骷髅的跳舞》《丹东之死》《秋天里的春天》等。

王鲁彦也是一位杰出的世界语者。他的文学道路就是从翻译世界语作品开始的。王鲁彦原名王衡，1901年出身于浙江省宁波市北仑区王隘村一个富裕的农民家庭。王鲁彦从小聪颖过人，六岁入私塾读书，就能背诵唐诗百首。十四岁读完高小，因家境衰败而长期失学，在乡村的风风雨雨中的滚爬，使他深刻地体会到在封建社会压榨下的浙东乡村农民的疾苦。1920年夏，十九岁的王鲁彦来到上海，在一家洋行当学徒。这时，他胸中几乎要熄灭的求学之火又熊熊地燃烧起来,他拼命地读书。两年的勤奋苦读,王鲁彦与文学结下了不解之缘。他特别喜爱鲁迅的文学作品,一年后,他第一次北上走进古城北京,在北京大学旁听鲁迅的《中国小说史》课程,大受裨益,开始创作时遂用笔名"王鲁彦"以表达对鲁迅的仰慕之情。他在蔡元培和周氏兄弟的影响下,开始接触世界语,并进入北京世界语专门学校,师从俄国著名世界语者、盲诗人爱罗先珂。仅用了半年时间,就掌握了世界语。1923年底,他告别鲁迅先生,离开了北京,南下赴长沙,到协均中学任教,教授世界语。两年多的长沙生活,王鲁彦觉得过得很苦,也很快乐。白天在教学的路上不停地奔跑,夜里他在世界语文学的翻译园地里辛勤耕耘。1926年7月,上海开明书店出版了王鲁彦的第一本世界语译作《犹太小说集》。在20年代到30年代十余年的时间中,王鲁彦通过世界语转译的外国文学作品还有《给海兰的童话》《苦海》《显克微支小说集》《世界短篇小说集》《失了影子的人》《花束》《敏捷的译者》《在世界的尽头》等。可见,王鲁彦在翻译外国文学方面投入了较大精力,也取得了突出成就。

1928年春,王鲁彦应上海世界语学会负责人胡愈之的聘请,到该学会办的上海世界语函授学校任教师。世界语函授学校的教师有胡愈之、巴金、索非、郭后觉、陈兆瑛、徐耕阡等人。就是在这里,王鲁彦与巴金再度聚首。

王鲁彦在泉州黎明高中任教期间，还开办过世界语班，并主编《绿星》杂志。1931年8月，泉州世界语学会成立，王鲁彦当选为会长，并创办会刊《新声》。

1934年以后王鲁彦由于集中精力搞创作，翻译少了，只转译了波兰著名作家普鲁斯的长篇小说《法老》。1937年上半年，他把书稿交生活书店作为"世界文库"出版单行本，并在报上登了出版预告，纸型也已打好，但因"八一三"事变而耽搁下来。纸型和译稿都不幸散失，唯有那本王鲁彦当年翻译时用过的原版《法老》，保存在巴金手中。

三、分多于聚的友谊

从1930年巴金与王鲁彦在鼓浪屿见的一面，到1944年8月王鲁彦因患肺病逝世于桂林，在这十几年的时间里，两位朋友可以说是分多于聚，但他们的友谊并没有因此而淡薄。巴金曾这样描述他们的交往："在我们这些分多于聚的十三四年中间，我们也曾一同经历过苦难的日子，分享过朋友畅谈的欢乐。不论在泉州黎明高中的教务室里，上海法租界华北公寓的小房间里，或者上海信义邨的住家，或者桂林福隆街的寓楼，我没有看见你有过十分畅快的笑容。"

这些年，王鲁彦一直在艰难地奋斗着。生活的担子重重地压着他，他不肯屈服、不肯让步、不肯妥协。他不能忍受任何不公平的待遇，宁肯拖着一大家子人在各处漂泊。后来又患了当时的不治之症肺病，但这一切并没有磨去他的锐气。1932年春末，王鲁彦和他的妻子覃英又去了福建莆田的韩江，两人一起在韩江中学教书维持生活。王鲁彦在课余仍然致力于创作。为了生计，1934年初，他们又远走陕西，先在邠阳县立中学，后到西安高中任教。1935年底他们重回上海。在上海期间，王鲁彦虽然没有参加左联，但他在鲁迅先生发起的《中国文艺工作者宣言》上签了名。王鲁彦一直把鲁迅当作自己的导师。1936年10月19日鲁迅病逝，王鲁彦是扶棺的八个人之一。

就在这一年的冬天，巴金收到杭州一位姓王的陌生姑娘请求援助的长信，这位姑娘是巴金作品的读者。这个姑娘在信中说，她和后娘关系不好，受巴金的《家》的影响离开了家庭，外出工作。因为失恋她来到杭州准备自杀，她遇到一位远亲，便改变主意，到一座庙里带发修行。她渐渐发现，远亲与庙中的和尚有关系，而和尚对她存心不良。她为自己的命运担忧，她希望巴金来搭救她。巴金约了王鲁彦和靳以与他同去杭州，巴金冒充这位姑娘的舅舅，替她付清了八十多元的房钱，交给她一张车票，让她到上海去找自己的真舅舅。那位姑娘最终逃离了陷阱。这一次，王鲁彦和巴金、靳以三个朋友一起向一个弱女子伸出援助之手，实践了他们一向倡导的帮助弱者的诺言。

1937年上海"八一三"抗战以后，王鲁彦又开始了新的流浪，10月到醴陵，1938年春节前后，王鲁彦又来到长沙，住在橘子洲，为田汉主持的《抗战日报》编副刊。后又应郭沫若之邀，到武汉参加第三厅的工作。到武汉后，王鲁彦加入了中华全国文艺界抗敌协会，并写下《炮火下的孩子》《伤兵旅馆》等揭露日寇暴行的作品。

1939年，武汉撤退，王鲁彦又来到桂林，在桂林高中任教，同时担任文艺界抗敌协会桂林分会主席，为宣传抗日四处奔走。在此期间，他不顾自己虚弱多病，抽晚上时间，继续写作长篇小说《春草》。

1941年9月，巴金和萧珊、友人王文涛一起由昆明到桂林，建立文化生活出版社桂林办事处，住在桂林东江路福隆街一幢木制的小楼里，与王鲁彦相邻。巴金、艾芜、张天翼等人商议要办一个像样的刊物，宣传团结抗日，反对分裂投降。巴金看到王鲁彦有病在身，又拖着一堆孩子，实在是贫病交加。为了帮助他们的生计，他便主张由王鲁彦编辑这个刊物，大家共同支持。这就是1942年初创刊的《文艺杂志》。在极其艰难的条件下，王鲁彦以顽强的毅力，扶病苦苦支撑着，《文艺杂志》居然坚持了三个年头,成为抗战期间影响最大的文艺期刊之一。

应王鲁彦之约,巴金拟为他主编的《文艺杂志》创刊号撰写一个中篇小说,巴金构思了《还魂草》的民间故事,决定描写两个友好的小女孩,他是以王鲁彦的女儿王莉莎和重庆互生书店吴朗西的女儿做书中的模特儿。

巴金不断地给《文艺杂志》供稿,支持朋友的工作。同时巴金也非常推崇王鲁彦的作品,1935年文化生活出版社成立(初名文化生活社),巴金任总编辑。这一年年底,巴金开始主编《文学丛刊》第一集,在十六本著作中,就收入王鲁彦的短篇小说集《雀鼠集》(1935年12月出版),与鲁迅、茅盾、郑振铎的作品集并列;1937年出版的第四集中,又收入王鲁彦的散文集《旅人的心》。王鲁彦逝世两周年的时候,巴金应覃英所请,编了《王鲁彦短篇小说集》,并写了一篇情真意切的"后记"。

有一件小事可以看出巴金和王鲁彦的真挚的友谊。巴金平时忙于工作和写作,记不住自己的生日,也不过生日。但1941年11月25日,由于王鲁彦时常提起,巴金才记得那天是自己三十七岁的生日。清晨,他从枕头底下发现王鲁彦的女儿莉莎悄悄送来的捷克制毛织围巾,巴金深为感动。中午,王鲁彦夫人覃英掌厨,炒了几个菜,朋友们热热闹闹地吃了一顿生日面,为当时生活在阴霾天气中的朋友们,暂时增添了些许的欢乐。

四、《写给彦兄》让我们记住这位战士

为了支持朋友,巴金在王鲁彦主编的《文艺杂志》上发表了不少作品,当他每次把作品交给王鲁彦时,看到他清瘦的脸色,总要为他的身体担心。除了肺病,王鲁彦还患有结核性痔漏,几次手术,都没有痊愈,他在行动十分困难的情况下,坚持着工作。一天傍晚,王鲁彦从桂林三家村把巴金送到洋桥,巴金要他一同进城,希望能找一家小馆子共进晚餐,多谈一会儿,而王鲁彦却说他身体支持不住,要回去了。巴金站在桥头,看见他支着一根手杖,歪斜着肩胛,一拐一拐地走着,远望他的背影在黄昏中消失,忽然意识到这位老友的身体更加衰弱了,禁不住热泪盈眶。不想这竟然是两位老朋友最后的一面。

1943年,王鲁彦再次犯病住院,家庭生活更为困难,再加上出版事务上的一些纠纷,使他身心受到进一步的打击。为了改换环境,他去了湖南茶陵。当巴金获悉王鲁彦所患肺病已到晚期,在当地治疗,处于贫病交迫的困境时,为使王鲁彦能支付医药费和维系一家生活,遂参加桂林文艺界发起的募捐活动。

王鲁彦到茶陵时间不长,湘北战争突然爆发,日寇逼近茶陵,学校被迫疏散,生活发生变故,到1944年的

4月,病情恶化,"肌肉羸弱瘦不堪,已经不能躺着写信,虽曾住过一次医院,但因没有钱,不久便出院了"(覃英致王西彦信)。在兵荒马乱中,他不得不携家带口,再返桂林。一路上颠沛流离,受尽折磨。国家的破败,民族的危亡,亲历身受的苦难,再加上一家老小啼饥号寒,使王鲁彦的病情急剧加重。1944年7月回到桂林时,他已奄奄一息,已经不能起坐了。拖到8月20日,病逝于桂林医院,年仅四十三岁。

王鲁彦病逝时,日军已开始进攻桂林,桂林文协早已疏散,作家们大都前往柳州,但为了料理王鲁彦的后事,他们又冒着危险重聚在桂林。邵荃麟、曾敏之、端木蕻良、司马文森等四处奔走,在报上刊登讣告,撰写悼文,发起募捐,救助遗孤。经过一番努力,文艺界的同志终于在1944年8月底的战火中,为王鲁彦举行了追悼会,参加者有二百多人,远在重庆的周恩来闻讯,特发来唁电,叮嘱要"善抚遗孤",并由冯雪峰转送抚恤费一万元。追悼会后,桂林文协在七星后岩买下墓地一方,为王鲁彦营葬,墓碑上刻着"作家王鲁彦之墓"。

当时巴金正在重庆,他从报上获悉王鲁彦病逝的消息时,正坐在陈设凌乱的文化生活出版社办公室里,大街上的一片吵闹声从门外传进来,而当他读完报上这条新闻时,他的心却感到十分孤寂。他想到"最后一次看见他,他的声音已经嘶哑了,但他还挂着手杖一拐一拐地走路"的情景。他还听说他临死前,不能发音,"只能用铃子代替语言,却仍然没有失去求生的意志"的情况。往事的回忆,使巴金感到痛苦,他想到这几年来罗淑的死、陈范予的死、林憾庐的死,特别像陈范予、王鲁彦这样长期患着肺结核,而没有得到治疗的机会,终于一天天走向死亡,这些都意味着"大后方"知识分子的困苦。巴金怀着深沉强烈的思念之情,提笔写成《给彦兄》一文,发表在1945年《文艺杂志》新一卷第一期。

王鲁彦是巴金许多朋友中的一员。耿直、诚恳、磊落,对朋友有情有义,为了理想和信仰,不要命地拼命工作。害着严重的肺病,还挑着沉重的生活担子。他有一张苍白瘦削的脸,然而在他脸上看到的是倔强和刚毅。生活并没有把他压倒。在冷酷的生活面前,他从不屈服、妥协,不作半点让步。任何不公平的待遇,都不能让他摧眉折腰地接受。因此,他到处碰壁,碰得头破血流,却依然昂着脑袋。他从不向生活低头,他宁肯饿死,也不愿出卖灵魂苟活。他有着一个作家的风骨。他在主编《文艺杂志》时,从约稿到处理来稿来信,跑印刷所,看校样,都依靠他一个人。他痛斥出版这个刊物老板的市侩气,也不满意有的作家一身铜臭。实在够累了,他还不肯放下自己的笔。身患肺结核,却要为刊物焦心,直到身上只有皮包骨头,只能用铃子代替哑了的声音。

在文章的最后,巴金说:"在先,没有人称你作一个战士。事实上许多年来你一直在奋斗，你想为你自己，也为别的一些人创造一个较好的环境，可是结果你终于痛苦地死在寂寞和贫穷里，像一个死在战地上的兵士，你没有看见胜利的希望就闭了眼睛。即使有人说你没有留下光辉的战绩（其实你一部分的作品不就是光辉的成就么？），但谁能否认你是一个勇敢的战士呢？"

巴金的文章，使人们永远记住了王鲁彦这位文化战士。

两个理想主义者的友谊
——巴金与卢剑波

在巴金从青少年时代就结交的朋友中,有被称为"二波"的两个人,一个是毛一波,另一个是卢剑波。他们都是巴金的四川老乡,毛一波是自贡人,卢剑波是合江人。三人年龄也相仿,其中毛一波最大,生于1901年,卢剑波生于1904年7月,与巴金同庚,只比巴金大四个月。在"五四"新文化热浪中,这些热血青年,怀着改造中国的崇高理想,全身心地投入"五四"运动带来的新思潮的宣传活动中,他们选择"美丽的安那其主义"作为自己的理想和信仰,发誓为之献身;他们组织社团、出版刊物、发表文章、张贴传单、宣传大众,在火热的斗争中,建立起深厚的友谊。毛一波于1947年去宝岛台湾,退休后到美国,由于众所周知的原因,从此与巴金等友人失去了联系。卢剑波与巴金在青少年时期建立起的友谊维持了一生,一直到1991年他以八十七岁的高龄,先于巴金离开这个世界。

卢剑波先生的面孔、身材都很像印度的国父甘地，他雉发满头，双颊深陷，脸色蜡黄，尤其是甘地戴着眼镜，他也戴一副深度眼镜，所以更像。巴金先生就叫他为"中国的甘地"。

一、共同信仰建友谊

卢剑波，原名叫卢廷杰，他的祖父是一位手工艺匠人，父亲是清末廪生，也就是通常人们说的（成绩一等）秀才。1919年卢剑波考上合江中学，在校读书期间，受新文化运动和"五四"运动的影响，从《新青年》《新潮》等书刊里接受了不少的新思潮，例如"安那其主义（无政府主义）"和"世界语"。随后他在学校里组织学生联合会、印传单、开讲演会，反对北洋军阀；主张思想自由、男女平等、男女同校，反对各种宗教迷信。他还以"剑波"的笔名，给重庆联中学生组织的渝江评论社刊物《渝江评论》写稿。1921年，他从家里拿了三个大洋，到重庆找到了"适社"（一个无政府主义组织）负责人陈小我，陈小我安排他住在重庆联中，参加川东学生联合会组织的反对日本侵占山东的游行、抵制日货、罢课示威和烧毁日货的活动。

巴金十三岁开始阅读《新青年》。1919年"五四"运动那年,他用"佩竿"的笔名在《文学旬刊》上先后发表新诗十多首,以及散文《可爱的人》;1920年巴金在成都读外国语专门学校专修科;1921年他参加了吴先忧、张拾遗等组织的"均社"。该社编印有《平民之声》和《半月》杂志,巴金以"芾甘"为名,在《半月》上发表了《怎样建设自由平等的社会》一文。他从《半月》上看到了介绍重庆适社的文章,知道了该社的宗旨是"铲除统治权力","建设互助—博爱—平等—自由底世界"。他读了极其兴奋,说:"那意见和那组织正是我朝夕所梦想的。"处在徘徊、迷茫中的巴金看到了希望,他想加入适社,于是给《半月》编辑写信请求他们做介绍人,就这样,巴金也认识了适社的陈小我。陈小我把卢剑波介绍给与他同岁的巴金通信认识,巴金认为卢剑波"锋芒毕露""年少气盛""有极强的精神力量",是一个"为理想献身的革命家"。这时的卢剑波除了把"安那其主义"作为自己的信仰外,还进一步了解世界语是一种理想的语言。他如饥似渴地学习世界语,不会的读音,就写信向成都的巴金请教。从此巴金与卢剑波订交,开始建立起他们一生的友谊,但他们真正见面还是两年后的事情。

后来,卢剑波考上南京的江苏省第一中学,在那里他与胡迈组织"民锋社",创办《民锋》杂志。《民锋》的主旨是介绍世界无政府主义名著,抨击军阀政府。杂志自费印发宣传材料,介绍世界无政府主义运动。当时巴金正在上海读书，准备考学，同时，他也看到了卢剑波的《民锋》。《民锋》原为不定期刊物，后改为半月刊。《民锋》出了七期，即被军阀齐燮元查禁。1923年6月，卢剑波从江苏省第一中学毕业，他先到上海，后又来到南京。这一年的年底，巴金和他三哥李尧林也从上海到南京，住在北门桥鱼市街21号，他们进入东南大学附属高级中学补习班学习。也就是在这个时候，两位神交已久的朋友才在异乡南京第一次见面，从他们经陈小我介绍通信相识，到现在晤面，整整隔了两年的时间。

他们一见如故，以兄弟相称。从那以后，两人经常在南京北门桥兴高栈、鼓楼会面，一面吃茶，一面意气风发地议论时政，交流国内和国际无政府主义运动的信息。此外，他们都为无政府主义刊物《民钟》写文章，宣传无政府主义的理论，例如：《民钟》第一卷第九期（1924年8月1日）上，发表了芾甘（巴金）的《大杉荣年谱》和剑波的《无政府主义与帝国资本主义之侵略》；第一卷第十六期（1926年12月25日）上，发表了芾甘两篇文章，一篇题为《无政府主义的积极性》和一篇译文《科学与无政府主义》（马拉铁司达著），这期发表了卢剑波的译文《萧伦时瓦尔茨巴德事件》（高德曼·柏克曼著）。他们在坚持共同的信仰方面，相互鼓励，携手并进。后来，卢剑波自己讲，与巴金的交往，使他获益匪浅。

二、为理想共同奋斗

　　1925年，卢剑波准备北上投考北京大学，但有人向有关当局告密，说他曾参加反对曹锟贿选总统活动，使他无法到北平去投考，他只好进了上海国民大学政治经济学系学习。当年五月，上海发生了"五卅惨案"，他和卫惠林等人编《正义报》，参加上海工团联合会的宣传活动。这年8月巴金也因体检时发现肺病，没有参加北京大学的考试，而从北平返回上海。巴金身体虽然不好，但仍劲头十足地与朋友办起一个《民众》半月刊，这个刊物的发起人共十六个，是一群有着共同信仰和理想的热血青年，他们共同的信仰就是"美丽的安那其主义"。这十六个人，除了巴金本人和卢剑波之外，其他十四人是：真恒、吴健民、沈仲九、李少陵、黄培心、卫惠林、禅林、吕千、索非、毛一波、沈茹秋、姜种因、秦抱朴、陆不如。《民众》提倡"民众自己的利益，需民众自己去谋"，要把"为资产阶级独占的学术取回后交与民众全体"。巴金当时先住在法租界贝勒路天祥里（今黄陂南路149弄），与卫惠林、毛一波同住在一幢楼房的二楼上。其时卢剑波与邓仲瑞（天矞）恋爱同居，因与邓天矞的婚事未获得家庭的同意，家里断绝了她的经济来源，他们两个人只能靠稿费维持生活，他们就住在巴金等人的楼下。后来卢剑波和卫惠林一同迁到康梯路（即今建国东路）康益里4号，1926年又搬到马浪路（即今马当路）居住。在读大学期间，卢剑波还恢复了《民锋》杂志，他在上面发表了"我们认定，阶级斗争为工人和农人解放运动的基础"等等言论，上海反动当局给卢剑波戴上一顶"布尔什维克化的无政府主义者"的帽子，下令查禁《民锋》，焚毁正在印刷的两期稿件，并追捕卢剑波。由于在劳动大学当教授的杰克·邵可侣及时通风报信，他才躲过一劫。风波平息后，他又重返上海，先后创办《土拨鼠》《时与潮》《文化战线》等刊物，翻译一些无政府主义的著作。

1928年，卢剑波以一篇《马克思资本集中说》的论文从上海国民大学毕业，获学士学位，经朋友介绍在上海私立正始中学教外国史。卢剑波精通多种语言，通过参考从国外友人那里得到的书刊，他翻译发表并出版了不少介绍进步思想和宣传科学、民主的书籍。《失败了的俄国革命》《世界产业工人简史》《自由的女性》《生与生之表现》《妇女解放与性爱》《世界女革命家》《社会价值的变革》等，都是那个时期卢剑波的著作。

1931年8月中旬，巴金、剑波、惠林、少陵、老伊、绍先等四十多位无政府主义者，在杭州西湖聚会。他们是从上海和各省来的文化界人士，为了"加强对'安那其主义'的宣传"，他们决定创办《时代前》月刊，由巴金化名李一切、卫惠林化名卫仁山,主编这份杂志。并议定《时代前》杂志社设在上海嵩山路李梅路和平坊143号。

1931年底,卢剑波因患严重精神衰弱而回四川休养。他回四川后,被邀请到三台潼川共立高级中学教书。1932年"一·二八"事变上海沦陷,卢剑波决定到成都发展事业。1933年初,卢剑波离开三台又回到成都,在华西协合高级中学教国文和外国史,并在成都聚集了一批同道,继续进行无政府主义的宣传活动。卢剑波会同吴先忧、张良卿等人组织了成都世界语学会,开办讲习班,出版世界语《绿帜》杂志,推广世界语,卢剑波被推举为第一届主席。当时在省立成都师范学校任教的中共地下党员车耀先也热心学习世界语,他每周两次从努力餐馆坐黄包车到卢剑波的住所去上课。

这一时期巴金与卢剑波的联系只能靠书信。他们相互牵挂着远方的朋友。巴金对朋友热情、诚恳,不但在事业上给予鼓励和帮助,对朋友的爱情和婚姻,也很关心。当朋友有些事情做得不妥时,就坦率地指出,真诚地规劝。

卢剑波最初的恋人是一个叫陈铭的姑娘,但因为其姐姐的反对,她和卢剑波断绝了恋爱关系。当卢剑波经历失恋之痛的时候,陈铭的同学邓仲瑞同情他,安慰他。久之,他们两人相爱并同居。后来卢剑波移情别恋,与陈国凤陷入情网。1942年1月，当巴金获悉这一情况后，便直言劝告卢剑波，不要自私，以免伤害无辜而又满有前途的陈国凤；他又婉言劝告陈国凤，及早抽身，不要作无谓的牺牲。两人都接受了巴金的劝告，同年2月2日上午，卢剑波与陈国凤晤面后分手。(《巴金的一个世纪》唐金海、张晓云著，四川文艺出版社，二〇〇四年）古人云：道义相砥，过失相规，畏友也。巴金就是这样一位畏友。

三、一本书见真情

1946年，卢剑波把他在报刊上发表的散文、杂文共四十多篇，寄给在上海的巴金，巴金当时正主持文化生活出版社，编辑《文学丛刊》。这一年的夏天，上海格外的炎热，巴金浑身长满了痱子，白天热得无法工作，只好把编书的工作挪到稍微凉爽一点的晚上。当巴金读完卢剑波寄给他的四十多篇文章后，全身不禁微微颤动。他好像又看到了那个在成都担任教师的老朋友，他那多病的身体似乎比从前更消瘦了，想起他只是四十刚出头的年龄，怎么会衰弱成那个模样呢？但是从他这四五年来所写的几十篇短文看，他内在的生命力却是这样坚强。他曾被军阀政府拘捕过，也曾为苦恋的爱情受到创伤，而为追求理想与自由燃起来的心火，则从未熄灭。

巴金喜欢这样的朋友，也喜欢他的文章。巴金从中选出二十六篇，在灯下编成一本散文集，书名叫作《心字》，这是卢剑波自己起的书名，表示这些文字都流自他的心泉。卢剑波的这个散文集《心字》，作为巴金主编的《文学丛刊》中的一册，编入第八集，1946年11月由上海文化生活出版社出版。

1947年6月20日，巴金写了《卢剑波和他的〈心字〉》一文，刊载于同年7月1日的《文汇报》，后改题为《〈心字〉后记》。在这篇文章中，巴金写道："读着剑波的文章，我觉得有什么东西在我心里激荡，仿佛就要把我的心推出我的口腔来，又好像要将它捣成粉碎似的。接着我全身起了一阵轻微的颤动。这颤动一下就过去了，但我感到相当长期的喜悦。"巴金还谈了他和卢剑波的相识，谈了卢剑波的为人，谈了他的文字的特点，谈了他们的友谊。巴金写道："我和剑波在二十六年前第一次通信，二十四年前第一次见面。我那时还是一个不知天高地厚的孩子。他和我同年，但他比我更有勇气，而且跑过更多地方，做过不少惊人的事。"巴金是这样评价卢剑波的："剑波是一个病弱的人。但是他却有着极强的精神力量。他过刻苦的生活，做过度的工作，二十年如一日，不仅物质的缺乏折磨着他，他还受到常人无法从其中自拔的精神上的煎熬。"他"始终保持年轻人的认真与热情"，他"不会失去他那颗'赤子心'"。最后巴金写道：

"虽然他至今还是一个默默无闻的中学教师,可是我喜欢我有这样一个朋友,我更以能够代他编辑这一本集子为我的光荣。"

这本《心字》是卢剑波的第四本杂文集。他的第一本杂文集《有刺的蔷薇》,由上海光华书局于1929年5月出版,共收文章三十五篇,这些文章都有其独特的个性。卢剑波的第二本杂文集《生与生之表现》,收散文十九篇,1931年10月由上海新时代书局出版。抗战初期,1938年9月,他的第三本集子《路》在重庆今日出版合作社面世。《心字》以后,卢剑波没有再出过集子。这本书,成了巴金与卢剑波友谊的纪念品。

四、友谊系终生

中华人民共和国成立以后,巴金与卢剑波各自忙于自己的工作,而且相距很远,除了书信的来往,见面的机会很少。

1952年10月中旬,巴金和赴朝访问团十几位作家、艺术家一同回到北京。与特地从上海赶来迎接他的萧珊和他们七岁的女儿李小林会面。当巴金得知卢剑波正在北京学习俄语时,就带着萧珊、小林去看望这位20世纪20年代就结识的朋友。他们谈了一个下午,还到一家川菜馆去吃了一顿成都家乡菜。

巴金从他十九岁——即1923年离开家乡去南京读书，后留学法国，这期间，在1941年和1942年，他曾两次回过老家成都。新中国成立后，巴金曾三次回故乡，巴金是一个重友情的人，他常说自己是生活在友谊之中，友谊对他来说，就像阳光那样。所以他每一次回故乡，无论时间的长短，都要会见故乡的老朋友们，当然包括老友卢剑波。

1956年11月下旬，巴金以全国人大代表身份到成都视察工作。他这次又见到了在20世纪20年代信仰无政府主义时的朋友，被他称为"第三位先生"的吴先忧和"中国的甘地"的卢剑波。当时吴先忧在一个中学当校长，卢剑波在四川大学任教。巴金看到这两位老友，好像又回到了自己的青年时代。

1960年10月至1961年2月，巴金又一次回到故乡成都，这次他是到那里去写作的。我们从巴金当时写下的《成都日记》中，可以看到巴金与卢剑波等老朋友相聚的记载：

> 1960年11月20日
>
> 八点起。八点半早饭。饭后在院内散步，九点半后先忧、剑波、天裔来。张老送报来，同在客厅谈到十二点十分。先忧、剑波夫妇在

这里午饭。……

(见《巴金全集》第二十五卷,人民文学出版社,1993年)

这以后,巴金再次到成都,已经阔别蓉城二十七载了。1987年10月,八十三岁的巴金最后一次回到故乡,住在成都的金牛宾馆。10月9日下午,卢剑波到宾馆来看望巴金,两位同龄的老友又见面了。他们谈到南京北门桥和上海贝勒路天祥里的那些往事,从翩翩少年到耄耋老人,不能不令人感慨时光的无情。

分别以后,为互相勉励,卢剑波写了一首"相互勉励"的五言诗《别巴金》:

霹雳缘何迟?秋意已阑珊。旦暮思奋发,岂惧雪与霜!前日见故人,一别廿七年。

谢君相勉励,未死还发扬。羽翼尚未剪,意志犹顽强。理想信不诬,笔墨透纸张。

莫言名与利,名利毒肺肝。百岁等旦暮,何者为彭殇?言语未道断,息息当自强。

痴愚缘自性,忍死效春蚕。别君劳梦想,引领望武康。

在"十年浩劫"的"文化大革命"中,两位老友都遭受到打击和迫害，自然，巴金所遭受的打击更大，他失去了自己的亲人萧珊。有一次，上海的外调人员要卢剑波交代"黑老K"巴金的无政府主义活动，他们提出一件捏造的事情，强逼卢剑波承认、签字。卢剑波说："要我签，你们一条条写在纸上，我在上面声明是你们强迫我承认的，我才签。"就这样把那几个外调的人气走了。粉碎"四人帮"之后，两位老友又恢复了通信，他们没有多谈自己遭受的不幸，而是互相鼓励，抓紧时间多做一些事情。巴金帮助老友卢剑波查资料，买词典；卢剑波介绍四川的世界语者魏以达先生翻译巴金的小说，巴金答应可以翻译《憩园》《寒夜》《狗》《奴隶的心》等。巴金在繁忙的写作和外事活动中，克服病痛和写作的困难，忍受着身体上巨大的痛苦给朋友写信。在我们普通人看来，有些信件并不是非写不可，但是巴金还是坚持要写。1986年4月25日，他在给卢剑波的信中说："身体很差，杂事更多……活下去总可以做点事情。现在实在吃力，一个字就请当一千字看吧。"（见《巴金全集》第二十二卷，人民文学出版社，1993年）我们可以想象巴金是怎样写这些信的，可以看出他每写一个字所付出的代价。而每次给卢剑波的信，总是几百字长。

卢剑波晚年生活很寂苦，他的身体素来衰弱，现在更是体弱多病。一个人蜗居在一间小屋里，无人照料，连煨药也要自己动手。虽说有家有室，有儿有女，但缺少温暖的生活。早年就有的爱情纠纷，至今还使他受着生活上和精神上的煎熬。1978年有人去采访、探望他，从他家中出来后，采访者不禁喟然而叹：想不到，这样一位八十三岁的老教授，生活如此简陋，生病也无人照料……（纪申《记巴金及其他》，宁夏人民出版社，1994年）

1991年12月8日，卢剑波以八十七岁的高龄，先于巴金离开这个世界。他的贡献是多方面的，涵盖文学、社会学、历史学、哲学等诸领域。他不但为后世留下了文学著作，还留下大量的政治学、社会学的著作，如《萨樊事件》（1927年，泰东书局出版）、《妇女解放与性爱》（1928年，泰东书局出版）、《世界女革命家》（1929年，上海启智书局出版）、《社会价值的变革》（1929年，泰东书局出版）等。卢剑波精通英语、德语、希腊语、西班牙语、世界语等多门外语。他是我国世界语运动的先驱，他著有《世界语理论》（1934年，成都保船书店出版）、《为世界语主义的世界语》（1935年，中华绿星社出版）等。还翻译了《世界产业工会史》（1926年，泰东书局出版）、《自由女性》（1926年，上海开明书店出版）、《海涅诗选》（1929年，新文化书社出版）、《伊索智慧》（1981年，四川人民出版社出版）等。

现在，巴金先生也离开了这个世界。哲人虽已远，古道照颜色。两位先贤生前谱写的友谊之歌,将永远被后世所传唱。

文学家与科学家的友谊
——巴金与朱洗

巴金是中国文学的巨擘,朱洗是科学界的巨子,两人在20世纪20年代,都有留学法国的经历。巴金于1927年2月由上海到达马赛,1928年12月返回上海,在法国待了近两年的时间;朱洗从1920年到1932年,在法国共生活了十三年。虽然具体时日待考,但就是在他们旅法期间,相识而订交,开始了长达几十年的友谊。他们的友谊是植根于共同的信仰——"美丽的安那其主义"。尽管他们所从事的事业不同,但对共同理想和信仰的追求、对生活的热爱、对朋友的真诚,使他们的友谊分外真挚、默契、历久弥新。

一、共同的理想和信仰

巴金信仰无政府主义是世所共知的事实,但对于朱洗的无政府主义信仰和行为，一般知之甚少。下面略作介绍。

朱洗（1900—1962），字玉文，浙江临海人。早年就读于回浦学校（小学）、台州浙江省立第六中学。1919年因响应"五四"运动，参与活动而被学校开除。后来他来到上海，在商务印书馆当学徒。1920年，由于回浦学校校长陆翰文的介绍，朱洗认识了吴稚晖，得以赴法进行勤工俭学。吴稚晖是当时著名的无政府主义者，他是在1903年留英期间，接触到无政府主义，并成为无政府主义的理论家。朱洗1920年勤工俭学来到法国，先在工厂做工，在最初的五年中换了六家工厂，直到1925年考入蒙彼利埃大学生物系。在当时的留法勤工俭学学生中，思想非常活跃，有人信仰马克思主义，如周恩来、陈毅、邓小平、李立三等人，朱洗和他的好友毕修勺等醉心于无政府主义，巴金（当时名为李尧棠）也心仪无政府主义，在此期间朱洗与巴金相识，开始了他们维持了一生的友谊。而他们友谊的基础和纽带就是"美丽的安那其主义"。

朱洗在考入蒙彼利埃大学生物系之前，就反复阅读过无政府主义理论家克鲁泡特金的《互助论》，后来又开始翻译此书，并于1929年完成全书的翻译，经巴金校阅，于1939年6月由平明书店出版。因为当时克鲁泡特金对于中国人的生活习惯没有参考资料，因而原书对中国人的互助材料完全缺失,朱洗搜集各种材料,在译本中又增写了《中国人的互助》一章。

朱洗和巴金一样是真诚地信仰无政府主义的:诚之于心,行之于外。他不但翻译了《互助论》,而且在自己的著作中也随时引述克鲁泡特金的言论。更为重要的是,他还以互助精神在家乡建了琳山学校和合作医院,实践无政府主义的理念。

临海朱姓是一个大家族,1930年曾与蔡姓争夺山林发生械斗,在械斗中,朱洗的弟弟中弹身亡,朱洗母亲不肯发丧,要等朱洗回国打赢官司才罢休。1932年朱洗回国,当时,获得洋博士学位就等于考中进士,在地方上很有势力。但朱洗说服了家人,先安葬弟弟,使逝者入土为安;继而劝说族人息争止讼。蔡姓家族深受感动,从此两姓和睦相处。这也是朱洗身体力行无政府主义反对暴力思想的一个例证。

二、巴金朋友家乡游

朱洗在蒙彼利埃大学生物系师事著名的生物学家巴德荣教授,但一学期后,学费用光,巴德荣教授为他提供工读的机会,1927年被聘为助理,后又蒙李石曾帮助,为他取得官费,得以完成学业。1931年,他以论文《无尾类杂交的细胞学研究》获得法国国家博士学位。1932

年11月，朱洗起程回国，应聘到中山大学任教。

船抵上海，朱洗受到巴金的热情接待。几年前他们相识于异国他乡，现在相逢在祖国故乡，老朋友见面有说不完的话。朱洗告诉巴金他的计划：要先回家省亲，然后去广州中山大学任教。朱洗怀着对家乡的深情厚爱，向巴金描述他家乡临海风雅而秀美的景致：那里气候温和，山水秀丽；城中巾子、北固二山龙盘虎踞，东湖澄明如镜、胜迹如林；百里灵江环绕古城，江面白帆翩翩，江水清澈可见游鱼；郭外青山，城中万户。他热情地邀请巴金与之同行，让他亲自去领略一下临海的风光乡情，以获取新的创作灵感和写作素材。

此前不久，巴金刚从浙江的长兴煤矿体验生活回来，他在那里住了一个星期，还下过矿井，正在酝酿以煤矿工人为题材的小说《萌芽》，浙江之行给他留下了极其深刻的印象。朱洗对他家乡的描述打动了他，巴金欣然应允。1933年1月初，他与朱洗结伴来到临海。

也许是天公有意开玩笑。在临海迎接巴金的不是和煦的阳光和晴朗的天气，而是飘飞的大雪和彻骨的严寒。他们住在朱家在临海上草巷供子弟进城读书的房子里。人在天寒地冻的瑟瑟中，哪有兴致去登城、游湖、爬山。加上人生地不熟，巴金在临海一共住了五天，没有太多的社交活动，只是常去回浦学校的图书馆里看书。

但巴金毕竟是知名的作家。他的《灭亡》《死去的太阳》《春天里的秋天》《新生》《雾》《家》等都已经发表，深受青年读者的喜爱。听说巴金来了，临海的文学青年纷纷慕名而来，登门拜访。巴金性格内向，不善言辞，但对于这些比自己小不了几岁的青年提出的问题，他都做了诚恳的回答。

又是一个落雪的日子，巴金到回浦学校的图书馆去看书，遇到了当时正在回浦任教的文学青年徐懋庸。以前巴金并不认识徐懋庸，这是一次意外的邂逅，使徐懋庸十分激动。他自称是巴金在法国留学的好友吴克刚的学生，因为这一层关系，喜出望外的徐懋庸向巴金提出一系列的问题，关于作品的题材、主题以及题材与主题思想的关系等等，对徐懋庸提出的这些显然是经过深思熟虑的问题，巴金开诚布公，无所隐讳，一一给予恳切的回答。当徐懋庸提到《现代》上有一位作者批评巴金，"作品的结局，过于阴暗，使读者找不到出路"时，巴金说："我的作品是艺术，不是宣传品，我不想把抽象的政论写入我的作品中去。我是有一种信仰的人，我也曾在我的作品中暗示着我的信仰，但是我不愿意写出几句标语来。"巴金还对艺术与题材的关系发表了看法："我认为艺术与题材是没有多大关系的，艺术的使命是普遍地表现人类的感情和思想。伟大的艺术作品，不拘其题材如何，其给予读者的效果是同样的。"

伴着窗外无声飘落的雪花，两个人在图书馆里你一言我一语，有问有答，不知持续了多长的时间。这次谈话使徐懋庸受益匪浅。徐懋庸详细记叙了与巴金对话的情形和内容，写出散文《巴金到台州》，发表在1933年2月25日上海《社会与教育》第五卷第十三期上，成为研究巴金创作思想的重要资料，至今仍常常被人引用。

巴金虽然在临海只住了五天，其所见所闻及其意想不到的经历，给他留下极深的印象。以致近五十年后的1980年秋，在他参加第五届全国人大三次会议期间，巧遇同为全国人大代表的台州师专校长邵全建，当邵校长向他提及朱洗和临海时，巴金还能不假思索地说出当年在临海所住的地方叫草巷。

三、携手揭露伪科学

寒假过后，朱洗到中山大学去任教。1933年5月，巴金和朋友西江乡村师范的陈洪有从上海出发去广州。他们先乘船到厦门，然后转乘汽车，又来到了闽南泉州，这是巴金第三次到这个南国小城了。红土、青山、绿水、明亮的阳光、飘香的龙眼树……这些迷人的景物，又一次出现在他的眼前，他看望了在那里为理想而默默工作的朋友，他又一次感受到友谊的温暖。离开泉州他们再次到厦门，乘船先到香港，端午节的那一天（5月28日）到达广州。

在广州，巴金住在珠江的南岸，寄宿在机器总工会的三层楼的一个小房间里。那些日子里，他经常到中山大学朱洗的家里做客，有时则到他的实验室里闲谈。这时，朱洗正投入一场维护科学尊严的斗争。原来，这年春天，广州有位罗姓医生，在中山公园举行"实物展览会"，以"腐草化萤""腐肉生蛆"的说法为依据，并打出军政要人的题词为自己助威，鼓吹"生物自然发生"这一伪科学，他还宣称推翻了达尔文的"进化论"。这个早已被法国微生物学家巴斯德实验证明是荒谬的，而且早已被科学比较发达的国家唾弃的伪科学，在20世纪30年代的中国，竟然还有人以"伟大发明"来招摇撞骗。朱洗和他的同事们既气愤又悲哀。为了揭露这个伪科学，批驳"生物自然生成"的谬论，朱洗带领学生用当年巴斯德用过的方法，组织学生在密封和严格消毒的条件下，用几十种材料，进行了一百多次的实验，再次证明如果没有外界生物种子的侵入或人为的干预，绝不会有生物自然发生。朱洗还把实验的过程和结果在中山大学生物系陈列出来，供人们参观。在事实面前，那个博士展览只好匆匆收场，狼狈离去。

当巴金了解到事情的原委，又从朱洗那儿学到了一些生物学的知识，也以极大的热情投入到这场揭露伪科学的斗争中。巴金写出《关于生物自然发生之发明》一文，对"生物自然发生"的谬论进行严厉地批驳和辛辣地讽刺,为达尔文的"进化论"辩护。巴金的这篇文章先投给《东方杂志》,但因笔锋犀利,点到了《东方杂志》编者身上(《东方杂志》曾刊登罗的文章),编辑便以"文笔太锐,致讥刺似不免稍甚,恐引起误会"为理由而拒绝发表,巴金又把退稿改投《中学生》杂志,《东方杂志》编辑又托人去说,把"文笔太锐"之处删去,才在9月1日的第三十七号上发表。对巴金来说,自己的"文章受凌迟之刑,以这为第一次",但能和好朋友携手作战,揭露伪科学,并且取得了最后的胜利,巴金感到异常快乐,朱洗自然更为这场争论的胜利而高兴。朱洗后来在一篇文章中说:"这毫无学理根据最可笑的发明,一遇真凭实据,即如春雪之遇朝阳,瞬刻消蚀了。"而这场争论,也为朱洗撰写的《现代生物学丛书·我们的祖先》一书,增添了一节丰富的内容——"新近中国学界破除自然发生说的经过"。

四、献给女佣的赞歌

在广州,巴金和朱洗都各自忙着自己的事情,并非日日相聚,但两人之间的相互了解和相互信任却是那样的深入和自然,巴金对朱洗的友谊也延伸至朱洗的家人。巴金熟悉朱洗的全家人,甚至连朱洗家的女佣也很熟悉。朱家的这位女佣是来自顺德乡村的劳动人民,一张黄脸,平时总是笑容满面,而且还喜欢讲话。看外表,她的样子很粗鲁,却很爱时髦,常打扮得像个有钱人家的太太,传说她常在主人给她的买菜钱中捞油水,巴金对她的印象并不是很好。

有一天,细雨蒙蒙,像牛毛,像花针般地飘洒着。巴金、朱洗,还有陈洪有,三人坐在中山大学生物实验室里聊天,不觉时间已近黄昏,天色也渐渐暗下来。这时,那个女佣送来雨伞,并催促朱洗回家去吃晚饭。但这次却看不见她的笑脸,似乎话也不多。当朱洗告诉女佣自己今晚不回家吃饭了,女佣应了一声,不再说话,把伞递给朱洗转身就走了。巴金敏感地觉察到了"她的脚步很沉重",对照她"平日是一个多嘴的女人,脸上常常堆着笑",巴金越发觉得"今天她的举动似乎跟往日不同"。

"你昨天不是说她回家了吗?"巴金指着女佣的背影问朱洗。巴金知道女佣的家在顺德。

"她去了三天,今天早晨回来了,"朱洗用低沉的声音回答,接着补充了一句,"她杀了一个人。"

说女佣杀了人,巴金开始还以为朱洗在开玩笑,但他的诧异和疑问只是一瞬间的事情,因为巴金知道朱洗的性格,他是一个科学家,对社会上任何事情都不轻易相信,假若他说一件事情是真的,那么他至少有一些证据捏在手里。

"这又是你的好材料了。"朱洗对巴金说了一句,就开始讲起这个女佣的故事来。

能听一个严谨的科学家讲述生活故事,那真是极其难得的事情。7月的广州,暮色在微微细雨中缓缓而至,越来越浓重,远处的树木和屋宇忽明忽暗,在行人稀少的南国的小街上,三个好友挤在一柄雨伞下缓缓而行,朱洗撑着雨伞,巴金与陈洪有一左一右,紧紧地挨着朱洗,并不是为了避雨,而是为了听他讲那个女佣的故事。

前两天,那个女佣回到顺德老家,听说她的兄弟被当地一个经常欺压农民的土豪打伤了,她就跑去和他论理,那土豪二话没说,竟把她也打了一顿,身上还留下不少伤痕。女佣挨了打,回家在床上躺了一夜,心中越想越不服气,第二天就拿了一支手枪去找土豪,那土豪正在河畔踱着方步,看到她走来,就嘲笑她,问她挨打挨够了没有?女佣气愤地举起枪,连开了三枪,把这个仗势欺人的恶霸击毙了。这时,邻近的农民听见枪声,都跑了过来,她也不逃,说:"你们去报官吧,我杀人偿命!"那些农民互相望了一望,也不说话,心里却很觉痛快,过了一会,有个人说:"你走吧,我们不会抓你的。"她就回城继续到朱洗家做用人。朱洗是以兴奋和激动的心情,讲述这个女佣替兄弟报仇,将自己的生死置外,勇敢地用枪杀死平日横行乡里的土豪的故事,语气里充满同情和赞许。

巴金也被女佣的果敢胆魄深深打动，内心不由升腾起对女佣的赞美。很快他以这个真实的故事写出一篇题为《一个女佣》的散文，并把女佣称为女英雄。就在这不长的篇幅中，随处可见巴金对朱洗的信任和对其周围人和事的关注与了解。

五、文化领域共同奋斗

在巴金与朱洗交往的历史中，他们在文化生活出版社期间相处的时间最长。文化生活出版社是1935年在上海成立的一家民营出版社，最初的发起人是吴朗西、伍禅、丽尼等。当时巴金正在日本，他们写信给巴金，把他们办出版社，并准备开书店的消息告诉巴金，并盼望他回国来主持编辑工作。编刊物、搞出版对巴金来说并不陌生，他从十六岁开始，在家乡成都就和一些志同道合的青年组织"均社"，编辑出版《半月》杂志。后来他有过几次编杂志、做编辑的经验，特别是1933年10月，他在北京参与郑振铎等筹备的《文学季刊》的编辑工作时，慧眼识珠，推荐发表当时还是大学生的曹禺的处女作《雷雨》，成为巴金这位文坛伯乐发现培养文学新人的最早美谈。于是，巴金欣然接受了邀请，于1935年8月上旬回到上海，任文化生活出版社的总编辑，开始了长达十四年的编辑生涯。

1936年，朱洗几经辗转也来到上海，创办了上海生物学研究所。他与巴金、吴朗西、陆蠡等老朋友又能经常见面了。朱洗除了从事科学研究，办好自己的生物学研究所外，还以极大的热情投入到文化生活出版社的事业中。那是一个有共同理想，只讲奉献，不计报酬，互帮互助，甘于自我牺牲的青年群体。几乎每个周末的晚上，他们都要聚到文化生活出版社谈天。朋友们个个学识渊博，谈锋甚健，又各有不同的工作，所以谈话的题材很广，古今中外、国事民情、文艺科学，以及当时的国内外形势、出版社的出版计划等等，无所不谈。

一天晚上，大家谈到要出版一套现代科学丛书，包括各门科学，作为出版社面向大众普及科学知识的实践。当时大家的兴致都很高，而且各自提出了写作计划，朱洗从自己的专业出发，提出编写《现代生物学丛书》。

由于时局的变迁，当时在文化生活出版社提出的现代科学丛书的计划，其他的门类都没有实现，只有朱洗利用科学研究的空隙时间，始终如一地坚持写作，他先后编写出版了八册，字数达四百万左右。这八册分别是《蛋生人与人生蛋》《我们的祖先》《重女轻男》《雌雄之变》《智识的来源》《爱情的来源》《维他命与人类之健康》及《霍尔蒙与人类之生存》。从内容来看，朱洗是从生命（人类）的起源说起，到生物的繁殖、两性的形态和区别，然后叙述人的心理、本能和后天教育，最后介绍与人类生存和健康有关的物质。在《现代生物学丛书》的《总序》里，朱洗这样写道："本丛书编辑的目的是要使学术大众化，要把那些深藏于实验室、专门著作、图书馆和博物馆里的生物知识，循着发展的次序，由浅而深，由简而繁，以畅达明确的文笔，写出系统的丛书，可作青年学生的课外读物，亦为其他学科所不可缺少的参考书。"

另外，朱洗还在《现代生物学丛书》第一集书后中谈了这套丛书出版情况："沪战发生后，吴（朗西）、巴（金）二先生先后去重庆，陆（蠡）先生留守上海。我当时每星期日下午照例去文化生活出版社一次，大家畅谈半天，泄泄闷气。每次见面，他就问起：'书写得怎样？'他催得紧，我写得快。我写得快，他印得也快。第一本（《蛋生人与人生蛋》）竟于1939年底印出，一年后再版。第二本（《我们的祖先》）于1940年7月间出版。第三本（《重女轻男》）1941年4月出版。"就在第四本《雌雄之变》行将付印时，陆蠡不幸被日本人抓去，文化生活出版社业务停顿下来。不久，汉奸褚民谊拉拢朱洗，要他为日本人做事，他愤怒拒绝。他躲避到乡下去教书，并继续写完第五本《智识的来源》和第六本《爱情的来源》。

这套《现代生物学丛书》在当时产生了广泛的影响，后来担任中国科学院上海细胞生命研究所（前身即朱洗任所长的中国科学院实验生物研究所）副所长的罗登回忆说："记得我当时还在念书的时候，从朱洗先生撰写的《现代生物学丛书》开始知道了他。书中丰富的资料，新颖的思想，生动的描述，深深地吸引了我。虽然那时依靠家中供给的生活费用很有限，但每逛书店，见到有未读过新的一本，就要买回，连夜阅读，不忍释手，敬慕之余，真想有朝一日能见到他。"

上海解放前夕，文化生活出版社改为公司组织，正式成立股东会董事处。朱洗被推选为董事长，巴金辞去总编辑职务，重返作家行列。1955年，该社并入上海新文艺出版社。巴金在回顾自己在文化生活出版社的工作和生活时，曾经说过："我在文化生活出版社工作了十四年，写稿、看稿、编辑、校对，甚至补书，不是为了报酬，是因为人活着需要多做工作，需要发散消耗自己的精力，我一生始终保持着这样一个信念：生命的意义在于付出，在于给予，而不在于接受，不在于争取。所以做补书的工作我也感到乐趣。能拿出几本新出的书送给朋友，献给读者，我认为是莫大的快乐。"

不仅巴金是这样做的，朱洗也是这样做的。

道义之交的典范
——巴金与陆蠡

1933年5月,二十九岁的巴金,与友人从上海来到南国小城福建的泉州。那正是龙眼树开花的时候,泉州城的街上到处飘着沁人心脾的龙眼花的芳香。眼前尽是明亮的阳光和明亮的绿树。这已经是巴金第三次来泉州了,这里有他的朋友,有他的梦想,他把这种旅行比喻为"我像候鸟一样需要温暖的阳光"。在这里他被友爱包围着。他就住在他朋友主持的平民中学里,白天朋友们忙着学校的事情,他就在宿舍里写作或者翻译,偶尔也去帮帮忙,做点杂事,晚上朋友们聚在一起,在洒满月光清辉的凉台上聊天。就是在这里巴金与陆蠡相识。

陆蠡,原名陆考原,字圣泉,小巴金四岁,1908年出身于浙江天台县一个书香之家。幼年受到父亲的启蒙,他天资聪慧,十一二岁就能解读时文,在乡里有"神童"之称。1921年,陆蠡十三岁跨越初中,考入之江大学高中部；1924年入之江大学机械系就读。因为冬天在室内生火取暖，把地板烧焦，被学监发现，被迫退学。1927年9月投考上海国立劳动大学，被录取在工学院机械工程系，1929年从该校毕业。但他毕业后没有能找到任何工作，只好失业在家，直到1931年秋，他应邀到福建泉州平民中学任教，讲授物理、化学、数学等课程。

1933年的初次见面，陆蠡留给巴金的印象是：貌不轩昂，语不惊人，服装简朴，不善交际，是一个沉默寡言的人。第一次见面他们没有谈过十句以上的话，但在以后的接触交往中，陆蠡成了巴金的挚友。两年后的1935年，巴金与朋友在上海创办文化生活出版社，陆蠡应邀参加了文化生活出版社。在文化生活出版社，陆蠡既当编辑、校对，又兼任会计，还干些跑印刷所、售书以及其他杂七杂八琐碎的事情。他心地坦白，对朋友以诚相见，不愿说好听的话，不肯做虚夸的事，喜欢埋头做事，不求人知。共同的工作增加了他们之间的友情，成了无话不谈的挚友。那时巴金尚未成家，孑然一身，租房独居；而陆蠡是丧妻未娶，孤身住在出版社里。他们常常在社里的客厅里促膝畅谈到深夜，有时忘记了宵禁的时间，突然想起，巴金才起身匆匆离开，赶回寓所。这样的深夜，有时寒气逼人，可是巴金觉得"心总是很暖和，我仿佛听完了一曲贝多芬的交响乐，因为我是和一个崇高的灵魂在接触了"。两颗崇高的心灵的交会和碰撞，迸发出绚丽夺目的火花，成为文学史上的一段佳话。

陆蠡一向喜欢科学和文艺，他非常喜欢天文学，他知道许多星座的名称，并能辨认出它们在浩渺苍穹中的位置。他曾写过一些关于天文、气象、化学之类的科普作品，这大概与他的理工科的学习经历有关。另外，他的文学素养和文字功底也很深厚。他会英、日、俄、世界语等几种外文，还专门向法国文学翻译家赵少侯学过法语，这些为他日后的创作和翻译奠定了坚实的基础。在泉州平民中学任教时，在同事、散文家、翻译家郭安仁（丽尼）的带动下，他利用课余时间，从事创作和翻译。他的第一本散文集《海星》的大部分作品，就是在这所学校里完成的。与巴金的密切交往，使陆蠡的文学创作迈上了新的台阶。继处女作《海星》于1936年8月问世后，1938年3月，他的第二本散文集《竹刀》（曾名《溪名集》）出版，编入巴金主编的《文学丛刊》第五集；1940年8月，又出版了第三本散文集《囚绿记》，列为《文学丛刊》第六集。三个集子的共同特色是凝练、质朴，蕴藉而秀美。陆蠡也写过许多短篇小说，给人的感觉总是"渴望着更有生命、更有力量、更有希望和鼓舞"。

除了工作，巴金还常约陆蠡及其他朋友一起外出游览，他们常去的地方是杭州西湖。1936年5月，巴金、陆蠡和丽尼又到了杭州，他们在沿着九溪十八涧走回湖滨的蜿蜒小路上，三人在谈笑中决定，一起动手翻译俄国三大小说家之一屠格涅夫的六部长篇小说。约定由陆蠡翻译这一序列长篇小说中的第一部《罗亭》和第五部《烟》，丽尼翻译第二部《贵族之家》和第三部《前夜》，巴金则翻译第四部《父与子》及第六部《处女地》。六部翻译小说均列为文化生活出版社的《译文丛书》出版。他们都履行了诺言，三人中陆蠡最先交出译稿。他翻译的《罗亭》于1936年12月出版，《烟》虽然是1940年出版的，但译文脱稿于1937年夏季。由此也可以看出陆蠡雷厉风行，剑及履及的工作作风。这又是文学史上的一段佳话。

1940年夏，滞留在"孤岛"上海的巴金，将前往西南的大后方。临行前，他把文化生活出版社的一切业务，全部交给陆蠡来负责，并委托他照顾数月前刚来上海养病的三哥李尧林。7月上旬，巴金便乘坐开往越南海防的"怡生"轮，转道越滇铁路去昆明、重庆等地。陆蠡和李尧林一起到金利源码头为巴金送行，陆蠡站在岸上，对着远行的巴金微笑，挥手道别："两年后再见！"然而，巴金无论如何也想不到，这竟是他与陆蠡的诀别。

巴金走后的第二年12月，太平洋战争爆发，日军占领了上海的"租界"，上海成了沦陷区，环境一天比一天凶险。陆蠡与两位同事坚守岗位，在茫茫的荒漠之中，苦苦挣扎着继续经营文化生活出版社这一片小小的绿洲，给沦陷区的人们提供一点点精神食粮。他广泛联系各方面进步人士,为的是发行更多的进步书刊,他的工作更加忙碌了。当时身在后方重庆的作家靳以用三年的时间,完成了一部近五十万字的抗日救亡小说《前夕》。靳以抱着试一试的心情,给陆蠡写信,看能否在上海出版。陆蠡马上答应了下来,并亲自为小说《前夕》设计了封面。靳以深受鼓舞,他发动亲友誊写书稿,为了避开日伪的封锁和检查,分成二百多封信,把小说航空寄给陆蠡。陆蠡边编辑边排稿印刷,前后花了一年的时间,把小说分为上、下两册印刷出来,并顺利地发往西南大后方。

对于战争给民族带来的灾难,给人民带来的痛苦,陆蠡感到极度的悲怆和沉痛。在漫漫长夜里,他以笔为枪,写出一系列慷慨激昂的文字,抒发对侵略者的仇恨,表现出强烈的民族正义感。他的著名散文《囚绿记》以一棵常青藤来隐喻祖国的命运,把清醒的民族意识和深沉的爱国精神融合在一起,在"烽火四逼"的民族危亡时刻,抒写中华民族不畏强暴的忠魂洁魄,寄托对祖国获得自由和复兴的热切期盼。字里行间洋溢着一股慷慨壮烈的正气,从中也可以窥见他渴望光明、自由,呼唤永不屈服于黑暗的"崇高的灵魂"。

随着人民抗日情绪不断高涨,在战争的血与火的交织中,文化生活出版社的处境越来越艰难,它已经引起了日本人的注意,出版社在上海多家书店寄售的图书多次遭到日本人的查封。1942年4月13日，一批发往西南后方的抗日图书在途中被日本人查扣，宪兵队追踪到上海，查抄了文化生活出版社，还要找负责人。其时陆蠡与他的第二任妻子张宛若刚刚结婚一个多月，新婚宴尔，尚在蜜月中的陆蠡，那天恰好外出，不在社里。于是，他们拉走了两卡车数万册的书籍，还抓走两名员工。等陆蠡回来知道此事，家人和朋友都劝他赶紧躲起来，可是，陆蠡觉得自己是出版社上海方面的负责人，在危急时刻自己责无旁贷，理应挺身而出前去交涉，不能连累别人。于是不顾亲人的苦劝、反对，他毅然赤手空拳的去租界中央巡捕房交涉，随即被关进拘留所，从此落入魔爪。当晚9时，好友朱洗和吴金堤等去中央巡捕房，在603号房与陆蠡见了一面。第二天，朋友索非等又到巡捕房打探，被告知陆蠡已被移解到四马路市警察局；他们找到了市警察局，又说那是日本宪兵队要抓的人，早就押送到江湾宪兵司令部了。索非等又通过一个懂日语的熟人，找到宪兵司令部"相当高级的负责人"，那人证实：陆蠡确实关押在这里，因为"他是共产党"。由此看来敌人查封文化生活出版社、抓捕陆蠡是蓄谋已久的了，不久陆蠡就被押解到虹口日本宪兵队拘留所。此时外界还能间接地知道一点消息。到了1942年7月21日后，这类消息再也没有了。听到的只是一些传言，一会儿说在苏州，在芜湖，一会儿又说被遣送南京反省院。连通过在邮局工作的作家唐弢邮寄去的狱中日常用品和冬衣、被褥，也遭退回，理由是：查无此人。陆蠡从此失踪。

巴金在成都获悉此事，大为震惊。他深知陆蠡是个有着强烈正义感、视死如归的血性男儿，此次失踪，凶多吉少。尽管如此，他仍心存侥幸，急切地期待着他的归来；幻想着总有那么一天，陆蠡会提着一只小箱子，突然在外面叩门……担忧与焦虑煎熬着巴金。但日复一日，年复一年，直至抗战胜利后的第二年，仍然杳无音信。只有在这个时候，人们才不得不相信，陆蠡是永远也不会回来了。

后来，有一位曾与陆蠡同囚一间牢房的北方朋友脱险出来，主动到文化生活出版社，讲述陆蠡的事情，他说："陆先生太硬性了，他宁死不屈。"据他讲，陆蠡被投入监狱后，日本宪兵在审讯时问他：南京政府好，还是重庆政府好？他回答："重庆政府好。"又问：日本的大东亚政策成功不成功？他回答："无望！"他的生命恐怕就牺牲在这几句正气的话上头。由于坚持爱国抗日立场，不屈不挠，陆蠡被日军刑审数月，虐杀而死。年仅三十四岁。

陆蠡的死震动了大上海。文化界同人沉痛悼念陆蠡，《大公报》《文艺复兴》等多家报刊开辟纪念专号，唐弢、柯灵、李健吾、黄源、吴朗西、朱洗、索非等作家纷纷撰文追思悼念。为了悼念亡友，巴金于1946年11月含泪写下撼人心魄的祭文《怀陆圣泉》。那篇文章是一座为烈士立传的不朽丰碑。巴金称赞陆蠡有"优美的性格和黄金的心"。文中还说:"他把朋友的意义解释得很严格,故交友不多。但是对他的朋友总是披肝沥胆地贡献出他的一切。""在我活着的四十几年中间,我认识了不少的人,好的和坏的,强的和弱的,能干的和低能的,真诚的和虚伪的,我可以举出许多许多;然而像圣泉这样有义气、无私心、为了朋友可以交出自己的生命、视他人幸福甚于自己的人,我却见得不多。古圣贤所说'富贵不能淫,贫贱不能移,威武不能屈',他可以当之无愧。"巴金还说:"有了这样的朋友,我的生存有了光彩,我的心才有了温暖。我们平日空谈理想,但和崇高的灵魂接触以后,我才看到了理想的光辉。"

在亡友罹难以后很久,巴金仍然难以释怀,常念不已。直至中华人民共和国成立以后,还念念不忘为亡友编纂遗著。1958年初,为响应"大跃进"号召,作家纷纷制订个人创作计划,巴金也准备在两年之内完成若干种著作和翻译。令人感到惊诧和意外的是,在百忙之中和不断受到来自四面八方批判、围攻的情况下,巴金在规划之中竟然要"为人民文学出版社编选《陆蠡散文选》一卷"。遗憾的是,由于众所周知的原因,巴金的这项计划未能如愿以偿。

人们一直没有忘记这位散文家和文化战士。1951年,上海一家报纸的记者写了一篇通讯《日寇杀害了我们的优秀作家陆蠡》，引起了陆蠡家乡有关单位的高度重视，当地的一些文化工作者，开始研究陆蠡的生平和作品，家乡追认陆蠡为在抗日战争中牺牲的烈士。1983年4月，中华人民共和国民政部批准陆蠡为革命烈士。此后不久，浙江文艺出版社编辑出版了《浙籍烈士文丛》，与应修人、殷夫、潘漠华、柔石等浙籍烈士的著作一起，《陆蠡集》也出版了。书内辑收陆蠡三个散文集的全部作品以及集外小说《覆巢》《秋稼》，并附录巴金、唐弢、柯灵等多人的纪念文章。这不仅实现了巴金多年以来为亡友出版遗作的愿望，而且对长眠于九泉的陆蠡烈士也是一个极大的慰藉。

两星交辉更璀璨

——巴金与胡愈之

2009年11月25日,是我国文学巨匠巴金一百零五岁华诞。在巴金先生走过的一百零一年的人生历程中,与许多许多文化巨人结下深厚的友谊,他们像相互辉映的星座,由于这种互相辉映的光芒,使得他们各自的人生更加绚丽璀璨。巴金与胡愈之的友谊,就是一个典型的例证。

1919年,十五岁的巴金进入成都英语补习学校。"五四"运动后,新思潮涌入四川。大哥李尧枚从成都市内唯一的一家代售新书报的书铺——"华阳书报流通处"买来《新青年》《每周评论》等,巴金得以读到《新青年》《每周评论》《星期评论》《少年中国》《少年世界》《北京大学学生周刊》等北京、上海出版的许多新刊物。一次,他在《新青年》杂志上读到一篇介绍世界语的文章。此前他虽然听说过世界语,但这篇文章却使他眼睛一亮,他第一次知道,世界上还有千千万万的人在讲一种名叫世界语的语言;他更被世界语创立者"希望博士"柴门霍夫医生所描绘的美好理想所深深吸引,同时,他也看到了眼前这把开启世界大门的金钥匙……

此后不久,他就开始在成都高等师范学校(现在的四川大学)开设的世界语班学习世界语。这是他平生第一次接触这种人造语言,世界语为他寂寞孤独的生活洒下了欢乐的阳光。1920年冬天,在成都外国语专门学校读书的巴金,怀着求知的热忱,给上海《东方杂志》主编、上海世界语学会负责人胡愈之写了一封信,请教世界语的问题。当时他还不知道,胡愈之比他大八岁,是一个有着满腔热血的青年。不久胡愈之给这位远在西南的少年回了一信。除了回答巴金所提出的问题,还热情鼓励巴金要刻苦学习世界语,为社会的进步做出贡献……胡愈之的来信,像一把火,点燃了少年巴金心底蕴藏的学习世界语、了解世界的火种。在胡愈之的鼓励下,他一边学习,一边奋笔疾书,为世界语的传播摇旗呐喊。1921年5月15日,他在成都《半月》杂志第二十号上发表了《世界语之特点》。胡愈之的上海来信,是他们终生友谊的开始,是世界语这个纽带把这两位文化巨人连在了一起。

巴金和胡愈之的第一次会面,却是在第一次通信后的八年。1927年1月,巴金离开上海前往法国留学。大革命失败后的1928年春天，国内一片白色恐怖。因从事进步活动而遭国民党反动派追捕的胡愈之被迫流亡欧洲。这年初秋，胡愈之也来到了巴黎。距第一次通信整整八年之后，巴金和胡愈之终于在巴黎第一次见面了。胡愈之紧紧握着巴金的手说："在法国见到你，我很高兴。我早已拜读了你的文章。"巴金也为终于见到他从少年时就敬慕的胡愈之而激动万分。在巴黎拉丁区胡愈之的住所，两人多次倾心交谈，从国内国际问题到世界语，从文学历史到政治理论，从理想抱负到爱国忧民，这些思想交流撞击出的火花，点燃了两个青年人心中的火焰，彼此都感到受益匪浅。这是巴金与胡愈之的第一次握手。巴黎的会面和交谈可以说对巴金的一生产生了巨大的影响。

巴金在法国期间，完成了奠定他文学地位的小说《灭亡》。当胡愈之得知巴金刚刚完成小说《灭亡》的写作，十分高兴，他热心介绍巴金与上海开明书店的索非建立了联系。巴金将《灭亡》寄给索非，并且第一次使用了"巴金"作为笔名。他原想用自己翻译高德曼的《近代戏剧论》的稿酬来自费印行，没想到索非将小说稿交给了当时正主持商务印书馆《小说月报》的叶圣陶。得悉小说的稿子到了好友叶圣陶那里，胡愈之又写信给叶圣陶，向他介绍、推荐巴金。叶圣陶本来对《灭亡》就十分欣赏，读了胡愈之的信更为重视，马上决定在自己主编的《小说月报》上发表，从1929年1月至4月《灭亡》分四期连载。《灭亡》的发表使巴金名声大振,从此巴金走上了文学道路。

1928年12月初,巴金结束了他在法国一年零十一个月的留学生活,返回祖国。两年后一个仲夏的早晨,上海在下着细雨,黄浦江在细雨中显得有些朦朦胧胧,就在黄浦江畔,巴金与刚刚从莫斯科归来的胡愈之又见面了。清脆的雨点和黄浦江的涛声,伴着他们重逢后喜悦的心声,巴金静静地聆听着胡愈之讲述俄国十月革命后的新鲜事儿,以及他在莫斯科所经历的难忘的日子……巴金激情澎湃,热泪盈眶。从此,巴金跟随胡愈之,为上海世界语活动的发展而积极奔走。他在胡愈之领导的上海世界语学会担任理事,并参与编辑学会会刊《绿光》。

胡愈之像兄长爱护弟弟一样,对巴金关怀备至,使巴金的世界语翻译结出一个又一个的硕果。他先后翻译了意大利作家亚米契斯的剧本《过客之花》,日本作家秋田雨雀的三个独幕剧《骷髅的跳舞》《国境之夜》《首陀罗人的喷泉》,俄国作家阿·托尔斯泰剧本《丹东之死》,俄国盲诗人爱罗先珂的童话集《幸福的船》,匈牙利作家尤利·巴基的小说《秋天里的春天》……从1930年至1933年,在短短的三四年的时间里,巴金通过世界语转译的进步文学作品达三十余万字。

1932年前后,是巴金创作的丰产期,作品迭出。又因为持有不同的艺术观念，抱有不同的政治态度，所以受到某些激进文人和文艺批评家的攻击，污蔑他的写作是为了"贪图巨额稿费"，甚至把他列为"第三种人"进行批判。巴金愤而搁笔。

1933年新年，胡愈之利用他所主编的《东方杂志》，策划了一个"新年的梦想"专号，其用意是要打破国民党对进步文化的封锁和围剿，正如鲁迅所说，"想必以为言论不自由，不如来说梦"。这一举动，得到了众多的文化名人的响应，茅盾、郑振铎、郁达夫、老舍、叶圣陶、邹韬奋等纷纷寄来稿件。虽然巴金正处在流言和攻击的激愤中，已经搁笔三个月，但一见好友胡愈之策划的征稿，他毫不犹豫地给予热情支持，他是最早的撰稿者之一。在"新年的梦想"里，巴金坦荡地表明了自己的心迹："我的希望是什么？自由地说我想说的话，写我愿意写的文章，做我觉得应该做的事，不受人的干涉，不做人的奴隶，不受人的利用。靠着自己的两只手生活，在众人的幸福中求得自己的幸福，不掠夺人，也不被人掠夺。"接着巴金又在《我的梦》一文中，驳斥了种种谣言，他写道，那些诬蔑或误解他的人，"也许不会知道为了友情没有稿费也会写文章的事情"。为了友情，在承受误解和攻击的压力下，没有稿费，巴金也写文章；而同样为了友情，胡愈之为巴金及时提供了剖明心迹的机会和条件。"新年的梦想"这件事，是胡愈之和巴金在文学上彼此真诚帮助、互相支持的又一佳话。

1951年,蜚声海内外的著名作家巴金和国家出版总署署长胡愈之,共同筹划、组织、建立了中华全国世界语协会。胡愈之被选为会长,巴金被选为理事。他们再次携手并肩,重温他们青年时代的梦想,在新中国的文化土地上辛勤耕耘。

1966年,腥风血雨遍布华夏大地。巴金是上海文学界最早被打倒的作家之一,他和祖国的绝大多数知识分子一样,经历了十年的痛苦和折磨。1977年,就在巴金刚刚熬出最艰难的岁月之时,巴金在1977年5月25日《文汇报》副刊上,发表了"四人帮"被粉碎之后的第一篇文章《一封信》,在文章中,巴金讲述了自己在"文革"中的一些遭遇。巴金的《一封信》激起广大读者的共鸣,同时也赢得他许多老友的同情。没过几天,6月2日他就接到了八十一岁高龄的胡愈之的一封亲笔信。信中写道:"今天,从《文汇报》读到你一封信,喜悦欲狂。尽管受到'四人帮'十多年的迫害,可从你的文字来看,你还是那样的清新刚健。你的老友感到无比的快慰,先写这封信表示衷心的祝贺。中国人民重新得到一次大解放。你也解放了!这不该祝贺吗?"七十三岁的巴金在读老友胡愈之亲笔信时,这位曾驰骋文学疆场,历经人世间磨难的坚强老人,禁不住老泪纵横……这是人世间最真挚、最宝贵的友情,是两位老人从1920年到

1977年经历半个多世纪风雨后互通的心声。巴金在当天的日记中写道:"愈之是我认识五十余年的老友,看到他的手迹,我很高兴。"

1986年1月16日,九十岁的胡愈之在京溘然长逝。正患病并摔伤卧榻的巴金,怀着极其悲痛的心情和对老友的深深眷念,挥泪写下了这样一段文字:"这些年我和他接触不多,不过在我患病摔伤之前,我们常有机会见面。他对世界语的热情和对世界语运动在中国的发展所做出的贡献,使我惭愧。作为一位九十岁高龄的老人,他离开这个世界,不会有什么遗憾。我虽然失去一位长期关心我的老师和诤友,但是他的形象和他的声音永远在我的眼前,在我的耳边:不要名利,多做事情;不讲空话,要干实事。这是他给我照亮的路,也是我的生活道路。不管用纸笔或者用行为,不管是写作或者生活,我走的是同样一条道路。路上有风有雨,有泥有石,黑夜来临,又得点灯照路。有时脚步乏力还要求人拉我一把。出书,我需要责任编辑;生活,我同样需要'责任编辑'。有了他们,我可以放心前进,不怕失脚摔倒。"

这段感人肺腑朴实无华的话语,寄托和表达了巴金对他的良师益友胡愈之的无限怀念和感激之情。同时,也是巴金与胡愈之两位东方文化巨人,长达半个多世纪真挚友情的写照。

时光过得真快,巴金先生离开我们也有四年的时间了。在怀念巴金的时候，我们不能不想到胡愈之老人。

星座因互相辉映而愈加璀璨。这两位文化巨人，从1920年第一次彼此通信相识，到1986年生死永隔，赤诚相向，肝胆相照。这样的精神财富，不仅属于巴金和胡愈之两位文化巨人，不仅属于中国，更璀璨于人类文明的星空。

2009 年

巴金和他的"小老弟"单复

单复原名林景煌,1918年6月出生,是菲律宾归侨,定居在福建泉州。20世纪30年代,他就读于泉州平民中学。巴金有很多朋友在那里,他曾三次到泉州,单复与巴金认识了,那时单复才十四五岁。在以后的交往中,巴金一直把单复当作自己的"小老弟",在生活上关心他,在文学上指导他,他们的友谊保持了终生。

一、初识于泉州

20世纪的二三十年代,在泉州聚集着一批有理想有信仰,对现实不满,立志以实际行动通过教育改造社会的热血青年,他们在这个偏僻的南国小城创办了两所学校,一所叫黎明高中,一所叫平民中学,分别设在武庙和文庙。两所学校里有不少巴金的朋友。他于1930年8月、1932年4月和1933年5月先后3次到泉州,看望他的朋友们,并在那里写作。

巴金第二次到泉州时,住在文庙的平民中学,叶非英是这个学校的主持人。他在叶非英的房里搭了一张帆布床,两人住在一起,这一次巴金在泉州住了十多天。学校的学生们知道著名的作家巴金来到学校,纷纷去拜访他,请他讲话,或者仅仅为了见作家一面。巴金还在院子里的大榕树下和学生们聊天。当时单复正在平民中学上学,他是个爱好文学的少年,刚刚读完巴金的《家》《雾》《雨》等小说,对巴金充满了崇拜。他也是聚在大榕树下听巴金聊天的学生之一,就这样他认识了巴金。巴金在大榕树下娓娓而谈"文章要有感而发"的情景,单复一辈子也不能忘怀。他后来说:"在我想象中,巴金应该像他小说中描写的主人公觉慧一样,全身上下都燃烧着热情。"除了和同学们一起与巴金聊天,在师长叶非英的引见下,单复还单独见过巴金,从此开始了他们持续一生的友谊。

二、为"小老弟"出书、起笔名

1946年,单复由他的老师、巴金的好朋友叶非英推荐,来到巴金任总编的上海文化生活出版社当编辑。当时巴金已经是著名的大作家了,又是文化生活出版社的总编,但巴金没有一点架子,每天跟普通编辑一样坐班,准时上班，并常常延迟下班，有空就和他们一起天南海北地聊天，没有一点特殊的地方。巴金把单复当作自己的"小老弟"，生活上关心他，业务上指导他。他们这些年轻编辑负责编辑的书，巴金每一本都要亲自审查，指出优点和不足。巴金精通法、英、日文，对于翻译的书稿，他都要把外文原文与翻译稿对照着一一校对，单复从巴金那里学到很多东西。受巴金等人的影响和熏陶，单复在编辑工作之余也搞些创作，在全国各地的报刊上发表了不少散文。有一天，他正在写作一篇散文，巴金走过来，对他说："小林哪，我看你发表了不少文章，你拿过来，我看看。"单复拿出自己发表作品的剪贴本，恭恭敬敬地交给巴金。过了几天，巴金看过所有的文章后，对他说："我看这些稿子挺好的，就给你出本书吧！"巴金亲自做这本书的责任编辑，不仅仔细地审阅全部文章，而且进行认真的编辑，一切都是巴金亲手操办。巴金很欣赏其中的一篇名叫《金色的翅膀》的散文，就将这个题目作为整本书的书名。于是，单复的第一本书——散文集《金色的翅膀》就这样出版了，它列为巴金主编的《文学丛刊》第十集，1949年4月出版。这一集中有巴金自己的作品，还有艾芜、汪曾祺等作家的作品。"单复"这个笔名也是巴金给起的。单复后来回忆说：在那个动乱的时代，巴金是个矛盾的人，他也是个矛盾的人，四处漂泊，居无定所，苦苦寻找人生的理想和方向，"单复"的笔名就是在那种时代背景和个人遭际下，巴金给他取的，"一单一复，本身就是矛盾的两个字"。他觉得这个笔名不错，有个性，不重复，就把自己的名字正式改为"单复"，从那以后沿用下来，本名林景煌反而被人们遗忘了。单复一直把巴金当作自己文学道路上的引路人。世人也许不知，单复先生在他十五六岁时，一次打篮球右臂骨折治愈后，骨头虽接上了，但右手手指却再也不能伸直，自少年时期起，他一直是用左手写字，竟然写出数百万字的作品。除前面提到的《金色的翅膀》外，还有《玫瑰香》《多棱镜》《单复散文选》《文坛师友情（上）》《文坛师友情（下）》等五部著作。

三、最后一面

单复一直没有忘记巴金这位文学道路上的引路人，他们一直保持着联系。1950年他定居沈阳后，每隔两三年都要去上海看望巴金，除了"文化大革命"期间。时间到了1983年的10月，单复又到上海看望巴金。单复挨着巴金在沙发上坐下，他们之间没有客套，没有寒暄，单复向巴金表达思念之情，并转达朋友们对他的健康的关心。巴金关切地问单复被错划为"右派"后的遭遇，当单复讲述时，巴金一边听，一边愤慨地感叹。巴金说："那时你们的人到我这里来外调，我写了材料。"接着又说,"记得为这事我还写信通知过你。"是的,就在那种人心惶惶,知识分子大难临头的恐怖日子里,巴金还不怕风险关心照料这个"小老弟"。告别的时候,巴金慢慢地站了起来,慢慢地一级一级走上楼,过了一会儿,又抱着一摞书慢慢地走下楼来,说:"这些都是新版的,留个纪念。"他把书放在桌子上,《家》《春》《秋》《寒夜》《爝火集》《巴金散文选》《序跋集》等十余册;他又慢慢地一本一本地在扉页上用微微发抖的右手,一笔一画地写下:"送景煌。巴金。1983年10月。"巴金把对朋友的友情和爱,都融化在笔端了,单复不觉眼窝湿润了。

1997年秋,单复和夫人一起到杭州西子宾馆看望巴金。那时巴金已经是九十三岁高龄,健康情况大不如前,上次见面时还能上下楼取东西,这次是由儿子小棠推着轮椅见面的。单复有许多话要对巴老说,看表情,巴金似乎也有不少话要说,但一张口就咳嗽不止。他们不忍心打扰巴老,就起身告别,巴金微微点头目送着他们。不想这次西子湖畔的见面,竟成了单复与巴金的最后一次会面。

在2005年巴金逝世时,单复先生对媒体说:"在文学路上,能取得一点点成就,巴老对我的影响非常大。他让我树立了信心,影响了我一生。"现在,单复也追随着他的老师、挚友去了。

真水无香
——巴金与文学青年苏阿芒

1979年的10月2日,天气异常晴朗,整个大上海笼罩着节日的气氛。虽然时令已近寒露,天气依然暖洋洋的。武康路两边的法国梧桐树叶还是油绿油绿的。113号巴金先生寓所的那栋三层小楼洒满秋阳。这一天巴金先生7点钟就早早地起了床,上午他要会见一位特殊客人——经历近十一年囹圄之灾、刚刚得到平反释放出狱、来自天津的苏阿芒。

现在人们对苏阿芒的名字已经陌生了,因为他离开这个世界已经二十多年了。但从20世纪七八十年代走过来的人都记得,他曾是一位蜚声全国的人物,他的事迹整版地出现在《光明日报》上,倾倒过千千万万青年人,成为他们学习的榜样。

苏阿芒(1936—1990)本名苏承宗,因发表作品多以苏阿芒为名,故以苏阿芒一名蜚声海内外。原籍安徽省石台县，是我国当代著名作家、诗人、翻译家、世界语者。生前是中国作家协会会员、国际世界语协会会员、中华全国世界语协会理事、天津市世界语协会名誉会长。主要作品有《来自中国的诗》（上、下两册）（意大利文，在意大利出版）、《夏日的悲歌》和《迟开的素馨花》等。

苏阿芒幼年时随父母来到天津，过着十分艰苦的生活。他在上小学时就很喜欢读书，特别是文学书籍，尤其是喜欢巴金先生的著作。母亲给他点零花钱，他从不买零食吃，而是积累起来去买书。苏阿芒阅读了巴金的小说，才知晓中国有一个大作家名叫巴金。在初中他就读了巴金的《家》《春》《秋》《雾》《雨》《电》《春天里的秋天》等。这些充满炽热激情的作品，给他沉闷孤独的少年生活吹进一股和煦的春风，从此他迷上了巴金的作品。虽然他还不能完全理解这些作品的真正意义，但是他喜欢那些优美的、动人心弦的故事，他曾为书里的青年男女们的青春热情所感动，也为他们不幸的命运洒过眼泪。巴金是少年苏阿芒所热爱的第一位中国作家，也正是从热爱巴金的作品开始，他爱上了文学。

1951年的春天，那是在苏阿芒上初中二年级的时候，对巴金的崇拜，促使他怀着崇敬的心情给他仰慕已久的作家写了一封信，信里还附上了他的作文成绩单，要请这位大作家检阅一下他的作文成绩，并且要拜巴金为师，将来也搞创作，也要当作家。信发出后，他天天期盼着巴金的回信。但几个星期过去了，也没有盼到巴金的来信，他感到有些失望了。他的父亲便安慰他说，巴金是个大作家，非常忙，而你是个小孩子，你的信不一定能到巴金的手里，就是人家看了你的信，也不一定会给你回信的。这时阿芒真的失望了。突然有一天，他收到了来自上海文联的邮包，里面有巴金的亲笔信，一本新书《华沙城的节日》和一支金星钢笔。收到作家巴金的信，他当时激动地流下了热泪，他沉浸在兴奋和喜悦之中。他感到自己面前是一片光明，自己的前途也充满了阳光。巴金在信中热忱地接受了这个远在天津的少年的请求，愿意收下他这个学生，并鼓励他好好学习，长大要做一个有出息、有作为的新中国作家。巴金的信，仿佛是南方吹来的春风，点燃了苏阿芒心底文学创作的火焰。他的心里还有一个梦——他多么想见一见这位光彩照人的文学巨匠、指导自己的文学导师啊！时光老人的步履是匆忙的，也是缓慢的；春华秋实，物换星移，直到二十八年以后，苏阿芒的梦才得以实现。

1955年，苏阿芒从天津广东中学高中毕业，他满怀热情地报考大学，结果是连续三年参加高考均未被录取。原因是他的父亲在中华人民共和国成立前在天津法院当过两年的书记员，有"历史问题"，政审不过关而被取消录取资格。在那"唯成分论"的年代，大学之门对苏阿芒永远是关闭的。

苏阿芒在经历了痛苦的思索之后，下定决心，不再参加高考，而走自学的道路。因为他对文学和外语特殊的兴趣和爱好，所以他的英语、俄语都学得很好，于是，他决定走一条自学外语，同时进行文学创作的道路。这条道路是艰辛的，也是漫长的。他给自己提出了严格的要求并制订了周密的计划。每天很早就起床，晚上学到深夜。北方的冬天，寒气逼人，滴水成冰。他勤奋学习，常常忘记了吃饭，忘记了寒冷，炉子灭了，他也不再去管它。他在继续提高英语和俄语水平的基础上，又自学了德语和法语。这时，苏阿芒的家境更加清贫，他无钱买书，几乎天天泡在图书馆，对外文书籍一本一本地"啃"，没有外语老师，他就找机会直接向"老外"请教。

一个偶然的机会，苏阿芒结识了侨居天津的一对意大利夫妇，他就主动找上门去，请他们教授意大利语。这对夫妇被他热情好学的精神所感动，收下了他这个学生。苏阿芒聪明强记，加上勤学苦练，从词汇、语法到修辞、写作，很快就掌握了意大利语。1957年，他用意大利文写的一篇文学评论的文章，在意大利《第七日》刊物上发表了。这件事，使他异常兴奋，这是他自学路上收获的第一个成果，他自学外语的信心和动力更大了。他知道巴金先生是一位世界语者，他也自学世界语，并且很快就熟练地掌握了。同年，苏阿芒被吸收加入国际世界语协会。他的学习毅力十分惊人，他经常忘了理发，头发长得几乎披肩,吃饭、走路、干事常常自言自语地背外语单词。他对外语如醉如痴,有人说他是"神经病",投以鄙视的目光,但他不在乎别人的鄙视、嘲笑和讥讽,坚持走自己的路。就这样,日复一日,年复一年,他怀着"多学一门外语,头脑中就多开一扇窗户"的坚定信念,先后不同程度地掌握了英语、法语、德语、俄语、日语、意大利语、西班牙语、波兰语、瑞典语、捷克语、葡萄牙语、丹麦语、挪威语、世界语等二十一种外语,其中英、法、德、俄、意大利和世界语六种,不但能读、说、听,而且能写。他用这些外语创作、翻译了大量作品。他创作的《我爱你,中华》《在詹天佑铜像前》《刘三姐》《梁山伯与祝英台》等三百多首抒情诗、叙事诗,用多种外国文字在世界五十多个国家的报刊上发表。他以诗歌的形式向世界人民介绍屈原、杜甫、詹天佑、聂耳等中华民族的优秀人物和各地的名胜古迹,翻译我国的民间故事和寓言。特别是他的世界语作品在国外引起极大的关注,被称为"年轻的天才的中国世界语诗人"。1965年,日本邀请他参加赛诗会,他获得国际优等奖。他把全部奖金献给了国际世界语协会亚非基金会。1966年,他被选为全世界世界语者青年组织中央委员,担任了国际世界语协会驻华代表,并被聘为国际世界语文学季刊《世界文化》特约撰稿人。1965年,在美丽的多瑙河畔,在世界"音乐之都"维也纳的国际世界语博物馆里,人们为这位中国青年竖立了一尊半身铜像:他腰板挺直,双眼炯炯有神,极目远望;铜像竖立起来的时候,他还不到三十岁。他被许多有名望的外国作家所瞩目,称他是"世界语文坛地平线上在东方闪烁着的一颗新星"……

正当这颗新星从地平线上冉冉升起的时候,我们的国家陷入了长达十年的"文化大革命"浩劫。苏阿芒投寄国外的那么多信件、文稿,都成了他"里通外国"的罪证。在被抄家、批斗之后,1968年4月他被关进监狱,判刑十五年。在身陷囹圄之中,他仍然让母亲给他订一份世界语版的《中国报导》杂志和意大利文版的《新团结》报[意大利共产党(马)机关报]。他向管教人员提出的第一个要求,就是允许他看外文书。有的犯人讽刺他:"都落到这份儿上,还学那玩艺儿,到梦里去当翻译吧!"可他却在一首诗里写道:"诗歌永不屈服,不管诗人将遭到多少痛苦,没有纸,也没有笔,只有无比的愤怒!"

1976年10月的一声春雷,我们国家的命运进入了一个新的转折点。苏阿芒个人的命运也随着祖国的命运发生了巨大的变化。1979年1月,天津市中级人民法院宣告苏阿芒无罪,撤销原判,给予平反释放。1979年4月29日,《光明日报》以《我爱你呵,美丽的中华》为题,用整版的篇幅报道了苏阿芒勤奋自学的事迹,并配发了《理想·毅力·年华》的评论。苏阿芒的事迹感动了千千万万的人，特别是因为"十年浩劫"，丧失了学习机会的青年人，都以他为榜样，发奋读书，完成自我。

由于十一年来在监狱中受到的精神和肉体的折磨，苏阿芒出狱时，多种疾病缠身，身体极其虚弱。经过半年多的休养，苏阿芒的身心刚刚有所恢复，健康刚刚有点起色，他就决定南下上海，去拜访他的文学导师巴金，实现他少年时代的梦想。他在他的妻弟王瑞祥的陪同下，于当年9月29日到达上海。在上海他先拜访了世界语前辈施以明女士、潘逖书先生、徐声乐教授等。

10月2日上午，苏阿芒与王瑞祥、施以明、潘逖书一行四人跟随着一路法国梧桐，一墙挥洒的秋阳，最后来到武康路113号，走进这所经历过半个多世纪风风雨雨、古色古香的小洋楼。

巴金先生正精神抖擞地站在门口等待着这个二十八年前和他通过信的天津少年、如今已蜚声中外的诗人苏阿芒。苏阿芒紧紧握住巴金那双写出过鸿篇巨制的手。这是苏阿芒和巴金的第一次握手。其时巴金七十五岁，苏阿芒四十三岁。

在一楼宽敞明亮的客厅里，巴金和苏阿芒——忘年交的文学两代人，在渡过"文化大革命"苦难之河以后，仍然赤心不改，愉快地交谈着。苏阿芒这次南下上海的专程拜访，本意是想郑重感谢巴金先生曾经对他的关怀和指导。可是没等他说出口，巴金却慈父般问询他的健康情况，对他进行安慰说："小苏，你为祖国吃了不少苦，你要好好保重身体，祖国与人民没有忘记你。""你受苦比我多。"苏阿芒两眼湿润了……

苏阿芒问候巴金时，这位饱受"四人帮"迫害的文坛老将仍豪气不减地说："我在创作翻译方面起码还能干五年。"说完老人大声地笑了起来，高兴得像个天真的孩子。他们谈了许多许多，从中国的文学到经济建设，从所读的书籍到时下的电视电影。当谈到世界语时，巴金充满深情地回忆起 1918 年他开始接触学习世界语，1930 年在上海世界语学会编辑《绿光》，还编辑了俄国盲诗人爱罗先珂的童话集《幸福的船》。第二年又将尤利·巴基的世界语小说《秋天里的春天》译成了中文……苏阿芒对眼前这位文学大师和世界语老前辈充满了深深的敬意。要告别了，巴金和他们一起来到院子里。在飘逸着花香的静谧的庭院里，应苏阿芒之请，巴金和他在那株枝繁叶茂的玉兰树下合影留念，照相机拍下了两人相聚的珍贵历史镜头。这一天巴金是忙碌的，在他的日记中有这样的记载：

> 一九七九年十月二日（晴）
> 七时起。上午看电视。吴泰昌来。苏阿芒四人来。盛华夫妇带女儿来。下午看电视（《魔

笛》)。草婴夫妇来,谈了在哈尔滨召开的苏联文学讨论会的情况。看书。晚饭后看电视。十二点前睡。

苏阿芒会见巴金的激动和幸福是不言而喻的。他回到天津立即用世界语写了一篇《拜访巴金》(Renkoto Kun Bakin),发表在日本世界语杂志《大本教》(Oomoto)当年的7—12月号上。1994年,国内的世界语刊物《三色堇》(Penseo),为祝贺巴金先生诞辰九十周年,在第三期(总第四十五期)上转发了这篇文章。苏阿芒在文章里这样写道:

> 巴金是我最敬爱的中国作家。我一九四九年开始读他的作品,那时我还是个十三岁的男孩。小说和故事里曲折、热情洋溢的情节给我留下很深的印象,我被它们所吸引,废寝忘食地去读。他的作品成为我孤独生活的慰藉。
>
> 一九五一年春天,我给他写了第一封信,表示我对他的爱和信赖。他立即给我回了信,还赠给我有题词的、他的新书《华沙城的节日》。能得到他本人的来信,我极其高兴!从那时起我经常与他在梦中相遇。
>
> 那个梦二十八年以后实现了。我先到上海

暂住下来，一九七九年十月二日我找到了他的家。他在大门口迎接了我。

我惊奇地了解到，巴金已长时期关注我，读了我的作品。他首先问我的健康状况，并安慰我说："你受苦比我多。"我问他未来的工作计划，他说："我在创作翻译方面起码还能干五年。"

巴金已七十五岁，还有那么大的工作能量。看着他全白的头发，我感到这个可爱的老人异常亲切，在"四人帮"的迫害下受了多年的苦。

我向他展示我的意大利文诗集及日本SIMADA女士翻译发表在《世界语世界》七月号上的日文翻译。巴金微笑着说，他收到过SIMADA女士的几封信和他的著作在日本的译本。

该道别了，按我的请求，巴金在他家院子里与我照了合影。我永远忘不了这次与中国最可爱的作家的相会，他的作品在我人生之路上陪伴了我三十年。

第二年（1980年），苏阿芒又给巴金写去一封信，并寄上一本刊物，全信如下：

敬爱的巴金先生：

去年十月二日，承蒙您接见我们使我们感到万分荣幸，回津后用世界语写了一篇和您见面的文章，此篇文章发表在日本《大本教》（Oomoto）世界语杂志7-12月号，王瑞祥先生为我们的摄影同时刊出，现给您寄上一册留作记念。

又本文将译成日文再次发表，此外王瑞祥先生也把本文译成中文，待发表后我再给您寄去。

您的日文译者鸠（岛）田恭子夫人现已开始学习世界语。信收到后请给我回一封信，来信地址：天津市马场道八十九号三楼苏阿芒收即可。

祝

春节快乐！

苏阿芒

二月二十五日

苏阿芒知道，巴金先生会见的不是他苏阿芒个人，他会见的是许许多多、成千上万的文学青年。从上海回到天津，他更忙了，忙着出席各地的各种会议，他被选为各种代表，担任一些实质性的或者荣誉性的职务；他还忙着会见来自国内和国外的世界语朋友,还忙着用意大利语、世界语和汉语进行创作。除了1979年在意大利出版的他用意大利文创作的诗集《来自中国的诗》(上、下两册)之外;他1982年还用世界语创作出版了诗集《春日的悲歌》;1983年由人民文学出版社出版了他用中文创作的诗集《迟开的素馨花》。苏阿芒平反后,经中共天津市委组织部批准,他被分配到百花文艺出版社任外文编辑。但由于十一年牢狱生活,他的身体一直不好,难于坚持正常工作。1982年7月间,苏阿芒携妻子王瑞玺回安徽石台老家疗养过一段时间,但状况没有大的起色。1985年后,他健康状况每况愈下,1986年9月经组织调查核实,确认为在"文化大革命"中迫害致残。

造化不公,天妒英才。1990年9月23日,苏阿芒走完了他五十四年的人生历程,离开了他深爱的世界语和心爱的诗歌,追随世界语的创始人柴门霍夫去了。在苏阿芒去世十几年后,巴老也离开了我们,他们先后都到另一个世界去了,在那个世界里,阿芒定会不断地去拜见他的文学启蒙老师巴金,巴金也会一如既往地给他鼓励和指导。

与小说《灭亡》有关的三个人

巴金在留学法国期间完成了他的第一部小说《灭亡》。《灭亡》发表在1929年《小说月报》第二十卷第一至第四号上。小说以北洋军阀统治下,沾满了"腥红的血"的上海为背景,描写一些受到"五四"新思潮鼓舞,寻求社会解放道路的知识青年的苦闷和抗争。响彻全书的是这样的呼声:"凡是曾经把自己的幸福建筑在别人的痛苦上面的人都应该灭亡。"这也是小说的主题。主人公杜大心怀有"为了我至爱的被压迫的同胞,我甘愿灭亡"的决心,最后,他为"信仰"而英勇献身。

一、被写成"袁润身"的桂丹华

《灭亡》的第八章是《一个爱情的故事》。故事来自巴金在法国的朋友桂丹华。桂丹华是1926年初,进入法国国立都鲁斯大学法学院的。在法期间,他与旅法安徽同乡詹剑峰相识。通过詹剑峰，结识了巴金。成为志同道合的朋友。巴金离开巴黎到沙多-吉里，住在拉·封丹中学养病时，桂丹华虽然已经离开了拉·封丹中学，但他们书信往来不断。巴金就是根据桂丹华给他们信中诉说的与一个法国少女恋爱的故事，写出这一章的。小说中把这个美丽的爱情故事运用到"袁润身"这个人物身上。小说中的袁润身是个"穿漂亮西装口衔香烟"的大学教授，长着一对细小的近视眼，戴着一副镶黑边的圆眼镜，"向右分开的、梳得极其光滑的头发，盖着那涂满雪花膏的、白中透黄的圆圆脸。微厚的嘴唇上有一撮日本式的胡子"。袁润身在小说中是个令人讨厌的、丑恶的人物，而桂丹华却是个善良的人。小说完成后，巴金总感到有些过意不去，觉得有点对不住朋友，希望今后能纠正这个美丽的错误，为桂丹华那个美丽的爱情故事，重新写一篇作品。后来他实现了自己愿望。1928年12月，巴金回国后不久，就根据桂丹华的爱情故事，创作了一篇名为《初恋》的短篇小说。

桂丹华1901年出生于安徽桐城双港镇桂家壕。十二岁时，毕业于桐城县立第五高等小学。1921年7月在安庆六邑中学毕业后，考入北京私立平民大学预科，两年后进入该校经济系读书。在"五四"精神的影响下，他像大多数梦想留洋的青年一样，怀着求知、求学、求新的赶海弄潮心理，1924年10月去苏联留学，先在莫斯科马列学院学习俄文，辗转到1925年底，从莫斯科坐火车经柏林到达法国，在法国与巴金相识。

桂丹华是1931年5月回国的。回国后，他定居在安徽的安庆，任安徽大学法学院教授，讲授国际法、比较宪法等课程。后应邀担任国民政府教育部安徽省督学。在此期间，他出版了《怎样推进各种社会运动》一书。抗日战争爆发后，桂丹华临危受命，担任安徽省立第四临时中学校长。1938年8月，他率领临时四中的师生，艰苦跋涉到湖南省皖江县并入国立第八中学，并任该校第三高中部校长。1940年10月，因病辞职赴重庆就医。1942年8月任教育部特邀编辑，后来，进入国立政治大学任教。抗日战争胜利后，安徽大学复校，桂丹华又兼任安徽大学法学院教授，1948年任该校的训导处长。

中华人民共和国成立后，由于众所周知的原因，桂丹华的命运多舛，人生之路是坎坷艰辛的。1951年，他到安庆师范学院任教，教授国文，并给教师们讲授俄语。这一年的5月份，他因历史问题被捕，羁押在安庆地区公安处、市公安局，交代所谓的"历史问题"。羁押长达一年零两个月，讲清"问题"后，未做任何处分，由安徽省公安厅释放，并发给无罪释放证书。从此，桂丹华成为一位无党派人士，后来还担任了安庆市的政协委员。1958年10月4日病逝于南京。桂丹华育有一女四子，桂丹华的儿子桂长林教授现为合肥工业大学博士生导师。

二、帮助起笔名的詹剑峰

巴金是由他的朋友吴克刚介绍到法国小城沙多-吉里的。他进入拉·封丹中学时，詹剑峰已经在那个学校。巴金住在大饭厅的楼上，詹剑峰就住在他的隔壁。詹剑峰虽然学的是哲学，对文学也饶有兴趣，他特别喜欢陆游的诗，巴金经常听到他在隔壁卧室朗诵《剑南诗稿》。詹剑峰是巴金的第一本小说《灭亡》的第一位读者。他很欣赏巴金的文学写作才能，对他的小说讲了不少鼓励的话，增强了巴金从事写作的信心。他还指出小说中文字上的个别疏漏之处。例如：在第八章《一个爱情的故事》中，詹剑峰认为，袁润身说自己与那位法国姑娘见面，"我们便定了一个幽会的地方"这句中的"幽会"应该改为"约会"。巴金觉得他提得很对，就照他的意见改了。

巴金的小说完成后，他原来准备自费印出来。让成都的大哥尧枚，和已从苏州东吴大学转到北平燕京大学读书的三哥尧林看看，并打算送给一些熟朋友。他觉得印二三百本就够了，根本就没有想到要在刊物上公开发表。他给小说起名为《灭亡》，但却为作者的署名陷于苦苦的思索中，一时想不出用什么笔名。正在这个时候，忽然听说，和自己同船到法国留学，也是拉·封丹中学同学的巴恩波在项热投江自尽了,巴金感到万分震惊,也不知道他为什么要死,他感到痛苦,为了纪念与这个同学的友谊,他就决定把同学巴恩波的姓字"巴"用作自己的笔名的首字,只是还缺一个字,恰好这时詹剑峰从外面进来,他见巴金正为自己的笔名苦苦思索着,在听完了他的解说后,詹剑峰无意中一眼看到桌上放着的英译本克鲁泡特金的《伦理学》,就笑着建议用那个"金"字,巴金欣然接受了,就在"巴"字后面加了个"金"字。这就是"巴金"笔名的由来。从此"巴金"的名字就开始运用了。

有一次,他们聊天时谈起了法国大作家左拉几部小说的连续性,刚读过《灭亡》书稿的詹剑峰就笑着问巴金:"你的《灭亡》也准备写续篇吗?"这一问,倒真的引起了巴金继续创作的念头,他想《灭亡》的主人公杜大心和张为群虽然死了,但活着的李冷和李静淑,今后将会怎样生活?他们前进还是后退?勇敢地活着、战斗着,还是消沉、沦落?他觉得继《灭亡》之后,还应该有一部《新生》。他不久就完成了《新生》的创作。

这位与世界文坛巨擘巴金有这些密切关系的詹剑峰,虽然没有巴金那样的名气,但在自己的研究领域中也硕果累累。只不过文学界对他知之甚少。

詹剑峰 1902 年 10 月 17 日出生于安徽省婺源县浙源乡察关(今属江西省)的一个小茶商之家。他长巴金两岁，自幼酷爱读书，一生读书、教书、著书，与书结下了不解之缘。少年时曾在家乡读私塾，十二岁就读完《左传》《四书》《五经》《史记》《汉书》等典籍，并能作诗填词。十六岁参加全县会考，他的文章《人不可以无耻》获得第一名。青年时期先后就读于上海中学、中国公学中学部、西北法政大学。1926年，二十四岁的詹剑峰赴法留学。次年，进入巴黎大学主攻西方哲学，还研读心理学、逻辑学、世界史。在法国学习期间，詹剑峰结识了巴金，并与之成为好友。詹剑峰在国外学习六年后，于1932年回国。回国后，曾在家乡创办培元小学并任校长，后在徽州中学任教并兼总务主任。1933年到1938年在省立安徽大学任教授。1940年前往苏皖临时政治学院任教授。1941年至1943年在暨南大学任教授。1944年至1947年在江苏学院任教授兼教务主任，此后在国立安徽大学任教授。

从1952年起，他就在华中师范学院（现华中师范大学）致力于中国哲学史和逻辑学的教学和研究。由于他学术上的成就，还担任了中国逻辑史学会顾问、中国逻辑学会理事、湖北省哲学史学会名誉会长、湖北省哲学学会副会长等社会职务。并曾当选为第三届全国人民代表大会代表，第二、三、四届湖北省人大代表，第三、四、五届武汉市政协常委。他出版了《宇宙论史的哲学》（希腊史与哲学）《墨家的形式逻辑》《老子其人其书及其道论》《墨子的科学与哲学》等十多部著作。其中《墨家的形式逻辑》一书,两次再版,在联邦德国、美国、东亚等地也有一定影响。

詹剑峰与巴金保持着终生的友谊。1979年巴金重访沙多-吉里城后,他还写信给巴金问他:"不知玛伦河桥头卖花小铺是否还在?你还去买了一束鲜花?"他对那座美丽的小城有着同样深的感情。可惜,他没有机会再访那个曾留有他青春足迹的地方了。更为遗憾的是,他写信的第三年,即1982年,先巴金而去了,到另一个世界去等待巴金了。也许他们会在另一个世界里携手,再漫步在玛伦河畔,然后走进那家卖花的小铺,向那位名叫曼丽的金发小姑娘买一束鲜花……

三、巴金中"巴"的巴恩波

为了纪念他的同学巴恩波和他们之间的友谊,巴金把自己的笔名的首字定为巴。巴恩波也因为与伟大的文化巨人的这层关系而被记入史册。但对巴恩波这个人,除了知道他是巴金留学法国时的同学,后来投水自尽外,关于其他,世人知之甚少。

从巴金的著作中我们只能找到一点蛛丝马迹。在巴金创作的第一部散文集《海行杂记》的《船上的友伴》中,写道:"在上海上船的除了我和卫外,还有四个。两个是北平中法大学的学生，一个姓范是研究文学的，一个姓巴的学数学，还有一个姓杨的，刚在保定育德中学毕业。"这里提到的"姓巴的"，虽然没有给出名字，但我们可以肯定他就是巴恩波。这是巴金第一次提到巴恩波，也是他们首次相识。等到了马赛，他们又一起逛公园，吃饭，"饭后茶房把桌子收拾干净，我们又坐下来闲谈。这三十几天的旅伴，明天早晨就要分散了。这是最后的一次聚会，大家有点依依不舍，便相互把姓名和通讯处抄下来，珍重地藏起"（见《巴金全集》第12卷，人民文学出版社1989年）。在经过短暂而又漫长的三十几天的海上旅途后，他们就分手了。

1927年夏天，巴金从巴黎迁至其东约一百公里的小城沙多-吉里，进入拉·封丹中学，同学中有詹剑峰和巴恩波。但与巴恩波相处的时间并不长，巴金在《谈〈灭亡〉》一文中说："有一个姓巴的北方同学跟我相处不到一个月，就到巴黎去了。第二年听说他在项热投水自杀。"以上就是巴金与巴恩波交往的大致脉络。令人感动的是，1979年巴金访问巴黎，重返拉·封丹中学，他特意去寻找当年同学们留下的影子，竟然找到了巴恩波的名字。他在《沙多-吉里》一文中写道："连拉·封丹中学的外国学生的登记名册也不全了，我只找到一个熟悉的人，'巴恩波'"（见巴金《随想录》第95页，人民文学出版社1986年）。在过了五十多年后仍然记得这位朋友，说明巴金是一个多么注重感情的人。

因为巴恩波死得较早，而且又是死于异国他乡，所以对他的身世了解得很少。后来有人根据巴金所说"还有一个姓杨的，刚在保定育德中学毕业"来查找保定育德中学校史资料，意外地发现了巴恩波的名字，原来他也是保定育德中学的，是第二十六班的学生，1920入学，1924年6月毕业，毕业后上了北平中法大学。通讯地址为：京南庞各庄镇明盛戚布店转新房庄。按图索骥，最后得到如下的有关巴恩波信息：

巴恩波，宛平人，生于1904年，与巴金同龄。他是从保定育德中学毕业后，到北平中法大学读书的。1927年到法国去留学，与巴金同船，与他们在一起的还有巴金提到的杨姓的同学，是保定育德中学初级第一班的学生，名叫杨凤池，1923年入学，1927年毕业。后来，人们又在北京大兴区（中华人民共和国成立前曾经属于宛平县管辖范围）巴姓比较集中的北臧村镇的巴园子村和西大营，找到一位叫巴恩法的先生，他是巴恩波的叔伯兄弟，虽然巴恩波去法国时他还太小，但知道他确实是从中法大学去法国留学的，而且是和巴金同船到的法国，他去法国时已经结婚，并有一子，此子名叫巴纪元，出生于1925年，已于1983年去世。巴恩波自杀时仅二十四岁，至于自杀原因，人们无从得知，但巴恩波到法国后曾经给家中写信，表示过对封建包办婚姻不满意，可能这是导致自杀的一个因素,是否还有其他因素,因年代久远,无人能够说得清楚。对此巴金也没有交代过,因此不好妄断。

巴金为纪念巴恩波,以"巴"作为自己笔名的第一个字。本来名不见经传的巴恩波,却因重友情的巴金的笔名而永载文学史册。

下篇

也谈巴金《点滴》的版本

在龚明德先生的《有些事，要弄清楚》(内蒙古教育出版社，2009年3月)一书中，有一篇《巴金〈点滴〉的版本》的文章，专门谈巴金《点滴》一书在中华人民共和国成立前后的几个版本，并特别就各个版本对书内文章的取舍、删减，谈了自己的看法。

《点滴》的初版是1935年4月开明书店印行的，到1949年2月开明书店印行第十一版《点滴》，巴金的这本小小的散文集，在中华人民共和国成立前的上海，仅开明书店就印行了十一个版次。为了与中华人民共和国成立后出版的《点滴》相区别，我们习惯上把它们称为《点滴》的民国版本。

我手边刚好也有一册民国版的《点滴》，它是《点滴》的第八版。在书的版权页上印着"民国二十四年四月初版，民国卅五年十一月八版"，发行者是"开明书店代表人范洗人"，"每册定价国币一元"。民国第八版的

《点滴》的设计与龚明德先生手中的再版本、第十版、第十一版的设计完全相同：上下切口各有一排花纹，中间是一块竖放的长条形的框。橘黄色框内飞白出特大号的"点滴"书名。这个设计是同类书的统一设计。书的大小相当于现在的32开本，长18厘米，宽13厘米；书很薄，只有88个页码。全书除《序》以外，共收《生命》《海的梦》《过年》等二十一篇文章。龚明德先生对他手中的三个民国印本《点滴》（再版本，第十版，第十一版）进行了对勘，发现第十版、第十一版均删除了再版本《点滴》的最后一篇文章《读书杂记》。第十版在删除正文的同时还删除了目录中的篇名，这应该算是常规的做法，文既已删除，留题目何益。但到第十一版，目录中又恢复了这个篇名，正文却仍是被全部删除，这就有些是"存目"的做法了。从页码和行数来看，再版本《点滴》仅仅多出最后一篇《读书杂记》，共占83至88页。其他文字在版面上没动，估计在文字上也没有什么变动。

我手中的第八版没有这些删减，看来与再版本是一致的，都是21篇文章，88个页码。我们虽然没有见过其他的版本，但可以推知，《点滴》从初版到第八版，没有变化，内容是相同的。删减是从第十版（或者是第九版）才开始的。至于为什么出现这样的变化，我们可以大胆地推测，这两版出版时，已经临近全国的解放，政治形势发生了变化，文章涉及的人事关系也发生了变化，这可能是主要的原因。这与中华人民共和国成立后巴金作品删改的原因，应该是一脉相承的。

对于第八版的《点滴》还有一点要提一下，但不知它是不是这一版的独有的特色，因为在另外的三个版本中，龚先生并没有提到。那就是书内有三幅精美的插图。这三幅插图都是选来配合书名和文章题目或内容的。第一幅是在书的扉页的背面，标题为《点滴》，注明"三十年前的俄国无名画家作"，画面是一只巨大的手，提着一颗淌着鲜血的人头，天空盘旋着无数的禽鸟，鲜血已经淌成河流，背景是城垣和高耸的教堂。第二幅在第一篇文章《生命》前的插页上，标题也是《生命》，"美国H.Kent木刻"，画面居中是一个巨大的火苗，两旁是大山，火苗好像是从大山里蹿出，以此为背景，衬出一个躺在石块上的人，他向天空伸出左臂，张开的手掌向上，好像在承接什么。第三幅《沉沦》，就插在文章《沉沦》的前面，"三十年前的无名画家作"，画面中央是一只飞翔着的像猫头鹰样的大鸟，它是在水面的上方飞行，画面右侧是一轮大半已经露出水面，树木掩映的初升的太阳。这三幅插图增加了这本小书的文化品位。

巴金《海行杂记》桂林版本

上海巴金故居和巴金研究会编的《点滴》，在2011年的第一期和第二期上，各有一篇文章谈巴金的散文集《点滴》的版本。巴金一生出版过几十本散文集，有上百个版本。但巴金先生自己说，他的第一本散文集是写于1927年的《海行杂记》。时间已经过去八十多年了，有必要对巴金的这本处女散文集进行必要的研究。

1927年1月15日，二十三岁的李尧棠（那时他还没有用巴金这个笔名）乘法国邮船昂热号离开上海赴法国，2月19日抵达巴黎，行程三十六天。其间1月21日船泊西贡时，他购买了两个笔记本，用来记录旅途经历。他在马赛上岸时，只完成了一部分，后来在巴黎继续写下去，直到当年的10月19日在法国的沙多—吉里才全部写完。这是作者"一部生活的记录"，像作者早期的不少创作一样，最初写作的目的并不是为了发表。他说："我为我的两个哥哥写这本游记，使他们明白我怎样在海上度过了一些光阴,并且让他们也领略一些海行的趣味。"所以,稿子完成后,就寄给了在北平燕京大学读书的三哥李尧林,后来又转寄给在成都老家的大哥李尧枚。书的原稿在成都放了将近五年后,又回到作者的手中。他抽出到巴黎为止的这部分,共"海行杂记"39则,以《海行》为名,1932年12月由新中国书局出版,第二年5月再版。1935年11月改名《海行杂记》,由开明书店重排新版,到1941年5月,共印行五版。

我收藏有一册《海行杂记》的桂林版本。这个版本也是开明书店印刷的。桂林版本的封面与开明版的《点滴》等同类书籍设计是一致的:上下切口各有一排花纹,中间是一块竖放的长条形的框。海蓝色框内飞白出特大号的"海行杂记"书名。书的开本很小,相当于现在的36开本或更小,高16.5厘米,宽11.5厘米;书也比较薄,《序》单独占3个页码,"目录"单独占4个页码,正文105个页码。全书除《序》以外,共有《一月十五日》《狭的笼》《病榻看雪》《巴黎》等39篇"杂记"。尽管书很薄,但书脊上清晰地印着"海行杂记""巴金著""开明书店印行"这三部分。

这个版本的版权页在书的最后,设计成双线围起的一个长方形的框,这个框又用竖双线分隔为不等的四个长方形的四个部分。右起第一部分又被两条横的双线分为上下两部分,上面并列印着"民国廿四年十一月初版发行"、"民国三十年十一月桂一版发行";下面是"全一册"。右起的第二部的长方形最大,也同样有两条横的双线把它分为上下两部分,上部分的顶端是横排、从右向左印着"海行杂记"四字的书名,但不知为什么这个书名被加了双引号("");底端也是横排、从右向左读,印着"有著作权不准翻印"八个字。下一部分是竖排的三行字,从右向左分别是:"著者 巴金""发行者 上海福州路开明书店 章锡琛"和"印刷者 开明书店"。另外,两部分分别竖排印着"总发行所上海福州路二六八 电报挂号七〇五四 开明书店"和"分发行所昆明 金华 重庆 贵阳 桂林 曲江 衡阳 成都 开明书店分店"。这个大的长方形的框外竖着印有一行小字:"内政部著作权注册执照警字第六六一六四号"。版权页的背面是空白。

书的封底靠近书脊的地方的上端印有"广西省图书杂志审查处审查证图字一一八号"。

这个桂林版本有一个奇怪的地方,就是在版权页上没有印着书的定价,在其他的地方也没有找到书的定价,不知是漏印,还是有什么别的原因。

《春天里的秋天》的"东南版"

1932年春天,应朋友之邀,巴金第二次来到福建泉州,看望在黎明高中和平民中学的众多朋友。其间一位朋友曾带他去看望了一个因抗拒封建家庭逼婚而疯了的少女。少女没有跟他说一句话,但他看到少女几次"秋天般的微笑",秋雨似的泪珠。他回到上海后,又听说了他在黎明高中的朋友郭安仁(散文家丽尼)身上发生的一件凄婉的爱情故事:一位吴姓女学生悄悄爱上了富有艺术才能的英语老师郭安仁,然而在封建礼教的桎梏下,吴的父母早已为她安排了终身命运,她的未婚夫就是黎明高中的校董,一个有钱有势的青年绅士。而丽尼,"是个心地善良的老好人"(巴金《关于丽尼同志》),自然斗不过封建势力,于是他被赶出学校,在迷茫中出走鼓浪屿,住在朋友家。但是,这位痴心的姑娘仍然执着地爱着他。就在举行婚礼的前夕,姑娘竟然冒着滂沱大雨赶往鼓浪屿,表示愿意与心上人逃婚,跟随她的老师到天涯海角流浪，永不分离。可是丽尼是个穷困的文人，哪能够摆脱周围密布的罗网，他不愿意让姑娘跟着他吃苦受罪，婉言谢绝了姑娘。姑娘绝望地回到家中，她美丽的灵魂终于被封建礼教吞噬了，她虽然没有发疯，却默默地憔悴死去，丽尼也带着心灵的创伤离开了福建。这两位少女的悲剧深深触动了巴金的心，他深刻地认识到"不合理的社会制度，不自由的婚姻，传统观念的束缚，家庭的专制，不知道摧残了多少正在开花的年轻的灵魂"（《春天里的秋天·序》）。这使他产生了强烈的创作冲动，用了不到一周的时间就完成了这部中篇小说《春天里的秋天》。

巴金自己说："我在小说里写的并不是疯姑娘的故事……在这里我想起了另一个南国姑娘，她没有发疯，却默默地憔悴死去。"《春天里的秋天》中女主人公瑢的原型是位秀丽、活泼的华侨姑娘，就是巴金第一次到泉州见过的那位姓吴的女学生。

关于这本小说的题目还有一段趣闻。小说写成后，巴金一直没有想出一个恰当的题目。当时巴金从世界语翻译的匈牙利作家尤利·巴基的小说《秋天里的春天》，正在《中学生》月刊上连载，他还准备把它交给开明书店印单行本。在他重读《秋天里的春天》全书时，忽然灵机一动，给自己刚刚完成的中篇小说想出了一个题目：《春天里的秋天》。

《春天里的秋天》首先在当年5月23日至8月3日的上海《时报》上连载。这年的10月由开明书店出版单行本，1940年开明书店再版，到1949年3月，共印行了二十版（次）。

我收藏的这本《春天里的秋天》是"中华民国卅四年（1945年）九月东南一版"。这个版本封面与开明书店出版的巴金其他作品，如《点滴》《海行杂记》等同类书籍的设计是一致的：上下切口各有一排黑白相间的花纹，中间是一块竖放的长条形的框。可能要表现春天，框的底色是草绿，飞白出特大号的"春天里的秋天"六个字的书名。书的开本是小32开的，相当于34开或更小些，高17.5厘米，宽12.5厘米；书也比较薄，《序》单独占4个页码，正文129个页码。尽管书很薄，但书脊上清楚地印着"春天里的秋天""巴金著"和"开明书店印行"这三部分。

书的最后一页是版权页，设计成双线围起的一个长方形的框，这个框又用双竖线分隔为不等的四个长方形。右起第一个长方形又被两条横的双线分为上、下两部分，上面并列印着"中华民国廿一年十月初版发行"和"中华民国卅四年九月东南一版发行"；下面是"实价国币一元四角"，旁边并列的小括号中是"外埠另加运汇费"。右起的第二个长方形最大，也同样有两条横的双线把它分为上、下两部分，上部较小些，顶端是横排、从右向左读的"春天里的秋天"六字的书名，下面是一个★号，底端也是横排、从右向左读，印着"有著作权不得翻印"八个字。下一部分是竖排的四行字，从右向左分别是："著者 巴金""发行者 重庆保安路开明书店 范洗人"（分两行）和"印刷者 开明书店"。另外两部分分别竖排印着"总发行所重庆保安路一三二 电报挂号七〇五四开明书店"和"分发行所永安中正路 赣县西安路 成都陕西街 长汀清樱路 宁都中山路 贵阳醒狮路 江山柴金巷 昆明武威路 西安北大街 开明书店分店"。这个大的长方形的框外竖着印有一行小字："内政部著作权注册执照警字第六三九六号"。

书的封底靠近书脊的地方的上端印有"广西省图书杂志审查处审查证图字〇〇八四号"。

这个东南版本还有一个独特的地方，就是除了书的封面下面有一个扉页，印着书名外，在作者的《序》之后，又有一个扉页，印着书的名字，另一面就是小说的正文了。

巴金译作《秋天里的春天》版本谈

《点滴》上曾发表过数篇文章，讨论民国时期巴金作品的版本问题。但讨论的都是巴金的著作，如《点滴》《海行杂记》等，至今尚没有一篇讨论巴金翻译作品的版本问题。

笔者收藏一本开明书店出版的民国版巴金的翻译作品《秋天里的春天》。此书原著者是匈牙利的尤利·巴基（Julio Baghy），他是一位诗人兼作家，在世界语文坛上负有盛名，他用世界语写过小说、诗歌、戏剧等八部作品，这些作品流传甚广，被译成十三国的文字。被介绍到中国来的，除了巴金翻译的《秋天里的春天》外，还有长篇小说《牺牲者》（钟宪民译）、短篇小说《遗产》（索非译）等。这部中篇小说《秋天里的春天》是尤利·巴基于1929年在匈牙利首都布达佩斯创作。故事讲的是一个学生和一个卖艺人的女儿这两个"拾得的孩子"之间发生的短暂而温暖的爱情故事。故事发生在秋天，爱情在两个灵魂触碰的瞬间产生了春天般的温暖。

1931年，巴金仅用了一个多星期的时间，就把尤利·巴基的这部中篇小说《秋天里的春天》（*Printempo en la Autuno*）翻译成汉语，并在这一年的最后一日写了《译者序》。第二年的4月到7月，在《中学生》杂志第23号至第26号上连载。并于当年的10月由上海开明书店出单行本。

我手中的这本《秋天里的春天》是第六版，在书的版权页上印着"民国廿一年（一九三二年）十月初版发行，民国廿八年（一九三九年）十月六版发行"。发行者是"上海福州路开明书店章锡琛""实价国币五角"。民国第六版的《秋天里的春天》的设计，与开明书店出版的其他巴金作品的设计完全相同：书的封皮是本白色，上下切口各有一排花纹，中间是一块竖放的长条形的框。黄绿色框内飞白出特大号的"秋天里的春天"书名。书的大小相当于现在的32开本，长18厘米，宽13厘米；全书共152页。书的封面下面是一张空白的扉页，后面是一个书名页，竖排书名，字形与封面一样，只是字号略小些。再后面一页印着柏里华的两节八行诗句《最后的吻》。接下来的三部分是译者在1936年9月21日写的《三版题记》和前面提到的那篇《译者序》，以及原作者的《著者序》。最后是全书的内容。从以上可以看出，这本书没有"目录"。

书的版权页的反面是一整页的广告,横排的通栏标题是"开明书店发行巴金之著译"。下面是竖排的巴金的十三部创作和三部翻译(包括这本书在内),书名下面是作品的题材或者原著作者,再下面是书的定价。

十三部巴金的著作包括"革命三部曲"之一《灭亡》和之二《新生》,激流之一《家》、激流之二《春》,长篇小说"爱情三部曲",中篇小说《死去的太阳》《春天里的秋天》《海的梦》,《巴金短篇小说集》(已出两册),散文《点滴》《梦与醉》《海行杂记》和《旅途随笔》。翻译作品除这部《秋天里的春天》外,还有阿·托尔斯泰的《丹东之死》和克鲁泡特金的《我底自传》。

巴金的这本译作在中华人民共和国成立前由开明书店一共出版了15版,最后一版是1949年3月印行的,这些统称为"民国版"。

人民文学出版社1997年出版的《巴金译文全集》的第七卷,收录了《秋天里的春天》。它是"根据一九九五年五月北京世界语出版社版《巴金与世界语》编入。"《巴金与世界语》由我国世界语学者许善述(1922—1994)所编。

对照这两个版本,发现有以下几处不同的地方:

一、在开明第六版中,柏里华的《最后的吻》和《著者序》是分开的,柏里华的《最后的吻》在前,相当于一个"题记";而在人民文学版中,两者合为一体,且没有任何标题，接下来就是小说第一部分"帐篷里"。

二、人民文学版把巴金先生写的《译者序》和《三版题记》作为"附录"放在小说的后面。

三、对照两个版本的译文，差别不是很大，作者只是在个别的地方做了修改，如开明第六版中的小说中的卖艺老人"巴达查尔师"，改译为"巴达查尔师傅"，再有像"黄屋子"改为"黄屋"等，只是字词的调整。同样巴金的两篇文章在两个版本中也有差别。除了文字的修改外，有一点特别突出，就是《三版题记》里引用的巴金朋友的一封信，但写信人署名用××代替，信中还有四处用××来代替另一个人名字。人民文学版都改为真实名字，写信人是"崇群"，即巴金的朋友缪崇群，后者是"祖英"，即死于1936年的缪崇群的夫人张祖英。

包括《秋天里的春天》在内的《巴金译文全集》的第7卷四部从世界语翻译过来的作品的底本，都是根据许善述编印的《巴金与世界语》中校订过的译文。巴金对此充分信任。他在《代跋》中说："他编这本书，收集译文十分认真。"还说，"校订者李士俊同志，我感谢他纠正了我的错误。"从这里我们也看出巴金对自己作品认真负责的精神和谦虚严谨的态度。

巴金的抗争:《萌芽》——《煤》——《雪》

20世纪30年代初,一些进步作家关注工人的生活和斗争,并诉诸文学创作。1931年冬,巴金到浙江长兴煤矿参观,并积累了一些材料。1932年1月初,巴金根据自己在长兴煤矿短暂生活所积累的素材,开始动笔写中篇小说《萌芽》,一共写了十一次,每次执笔还不到一天,到这一年的5月初完成,全书十一章,共九万余字。小说正面描写了工人的斗争生活。讲述了煤矿工人为改变现状,团结起来,进行罢工斗争,最后遭到镇压的故事。小说《萌芽》鲜明地表现了作者对工人反抗斗争的热情支持和歌颂,以及自己所倾注的理想和希望。但小说《萌芽》的出版,却经历了种种磨难。

1933年8月,《萌芽》由上海现代书局出版,初版两千册,书还没有卖完就遭到查禁。从现代书局经理张静庐1933年11月24日写给巴金的信中可以了解当时的情况。张静庐在信中写道:"尊著《萌芽》一书业经中央明令查禁,昨日市公安局会同捕房人员到店搜查并将该书纸型全部缴去矣……"《萌芽》问世不到四个月,便遭此厄运,怎能不令巴金气愤。

对《萌芽》的查禁,并没有使巴金屈服,他一直在寻找适当的时机和方式,让《萌芽》复生。第二年8月,他对书进行了一次修改,首先,给小说里的主要人物改名换姓:男女主人公张温平和姚君珊,改为曹蕴平和许秋珊、李阿大改成冯阿大、老陈改成老李、周广和改成张正兴、赵科长改成张科长等等;其次,又改换了一些地名:六里桥换成三里桥、唐家坊子换成林家坊子、林村换成丁村;最后,还重新写了小说的结尾;最主要的是把书名由《萌芽》改为《煤》。经过这一番"技术处理"之后,巴金把小说交给上海开明书店,开明书店决定出版《煤》,小说排好版、打好纸型,并在报刊中登了预告。可是,国民党图书杂志审定委员会看到小说的校样,马上通知开明书店停印。这样,《煤》还没印出来,就胎死腹中了。

但是,巴金仍不服输,决心与这帮国民党检查老爷们斗一斗。他便买下了开明的纸型,再把书名从《萌芽》改为《雪》。《雪》是一个寓意深刻的名字,由乌黑的《煤》,变成洁白的《雪》,由炽热变成冰冷,其中的深刻含义,巴金在1947年为《雪》的日译本写的序中做了解释。他说，作品结尾那位年轻的太太感慨道："雪盖住了火山，但火种并没消灭。"这既是小说所要表达的最精炼准确的主题，也是巴金对国民党当局文化专制行为的反抗和斗争决心。"雪"下有扑不灭的革命火种，"雪"下还有作者心中燃烧不熄的怒火。

1935年1月，巴金自费印了一千册，委托上海生活书店秘密发行。为了迷惑那帮图书检查老爷，他在版权页上印着："发行者美国旧金山平社出版部"、"发行地址：——845 Broadway San Francisco, Cal., U.S.A.（——美国 加利福尼亚州 旧金山 百老汇大街845号）"。巴金还特意在卷首写了一篇《前记》，其中说：

> 我的书在美国出版，这是第二部了，不过第一部并不是小说。
>
> 这本小说为什么要在美国出版呢？只是为了纪念一个旧金山的友人，他肯给我出版这一本别的出版家不肯承印的作品，我带着感激和祝福把这本书献给他。
>
> 作者

自然这是障眼法的假话，因为书并不是在旧金山出版的。只是让图书检查老爷抓不到发行人而已。而巴金这本"国外"出版的《雪》，成了国民党反动的书报检查制度的一个鲜活的见证。

后来,国民党一度撤销了图书杂志审查委员会。1935年5月,文化生活出版社(初期称"文化生活社")在上海成立,8月巴金从日本回国,任文化生活出版社的总编辑。巴金便把《雪》的纸型送给文化生活出版社。《雪》于1936年11月由文化生活出版社公开出版,列为《新时代小说丛刊》的第一种。直到这时,巴金的小说《雪》才有了合法的身份。

从《萌芽》写作到《煤》,又从《煤》到《雪》的公开出版,从国内到"国外",再到国内,整整走过五个春秋。在这五年中,巴金为了这部作品的生存,进行了不懈的努力,通过与图书检查老爷们斗智斗勇,与国民党反动的图书检查制度进行了顽强的抗争,在中国现代文学史上留下浓墨重彩的一笔。

汉英对照《巴金短篇小说选》

1936年3月15日《中国呼声》(*Voice of China*)第1卷第1期上，发表了童丘（Tung Tso）翻译的巴金先生短篇小说《狗》的英文版。而这篇 *Dog*（《狗》）也是巴金先生文学作品中，最早被译成英语（也是最早被翻译成外语）的。后来，才渐渐有了巴金作品的各种译本。

我收藏了一本汉英对照的《巴金短篇小说选》，上海中英出版社印行。此书初版于民国二十九年（1940年）8月，我这本是民国三十年（1941）6月第4版。在不到一年的时间里这本书出了4版，可见它是广受欢迎的。

书是普通的32开本的。封面是蓝灰色，沿着书的四边，有一个用白线条围起的长方形的框，框内又有一个白色的长方形，处在封面的中央，里面是黑色印刷的巴金的头部肖像画。这个画的上方有大小四行文字，一行是"汉英对照"四个字，一行是书名"巴金短篇小说选"。书名下面括号内是"四版"两个字，再下一行是

"上海中英出版社印行"几个字。巴金肖像画的下方是英文的"*SHORT STORIES BY PA CHIN*"(巴金短篇小说),再下面是小号字的"WITH ENGLISH TRANSTATION"(附有英译)。作者巴金的姓名(Pa Chin)是按照旧式的拼法,1978年后改为汉语拼音的方式拼写(Ba Jin)。书的版权页上,除了双语书名、代售处、版本、定价外,还注明:著作者巴金、编选者文宜、发行者和总经售,但就是没有注明译者。书中也没有注明译者。

全书共收巴金三个短篇小说:《复仇》(*REVENGE*)、《初恋》(*FIRST LOVE*)和《狗》(*DOG*)。书的编排是汉英对照,一页汉语一页英语,页码也是对应的,《复仇》汉语、英语各10页,《初恋》各15页,《狗》各6页,全书正文共62页。书的"目次"后面,有一页EDITOR'S NOTE(卷首语/编著的话),还有一页摘录了巴金的两段话。

在"卷首语"中,编者用英语简略地向读者介绍了作家巴金和他的这三篇小说。编者认为,巴金是现代中国第一流的短篇小说作家,是与鲁迅、茅盾、丁玲、沈从文、郁达夫齐名的少数最重要的作家之一,其作品形式新颖,充满活力。对所选三篇小说,编者认为,《狗》是过去十年最优秀的短篇小说,它情趣浓郁,感人至深,而且形式新鲜,技巧独特。应该说这个评价是精当的。

小说《狗》写作的起因也很有趣:一天下午,编辑向巴金约稿，晚上他照例到街上一边散步，一边构思。走着走着，他看见外国水手在人行道上发酒疯，骂中国人是"狗"。巴金义愤填膺，反抗意识油然而生。回到家，一口气写完了这个短篇小说。作品用新颖的构思和荒诞的手法，把"我"异化为"狗"，表现"在国内外压迫和剥削下"一些"普通中国人的悲惨生活"，揭露当时中国殖民地和半殖民地社会的黑暗。这篇小说发表在1931年9月10日《小说月报》第22卷第9号上。

《复仇》和《初恋》的人物都是欧洲人，故事发生的背景是欧洲。三篇小说有一个共同的特点是用第一人称的手法写成。编者还认为，巴金最著名的作品是《灭亡》《雨》和《死去的太阳》。

书中摘录了巴金的两段话，取自巴金1931年4月为短篇小说集《复仇》（1931年8月，新中国书局出版）写的《序》。《复仇》和《初恋》这两篇小说就是这个集子里的。这两段话是巴金对集子中的小说的自我评价："这几篇小说并非如某一些批评家所说，是'美丽的诗的情绪地描写'。这是人类的痛苦的呼吁。我虽不能苦人类之苦，而我却是以人类悲为自己之悲的。我的心里燃烧着一种永远不能熄灭的热情，因此我的心就痛得更加厉害了。""虽然是几篇短短的小说，但人类的悲哀却展现在这里面了。"

这家上海中英出版社在同期还出版了《汉英对照 中

国近代短篇小说选》(1941年)，其中选了鲁彦、巴金、鲁迅、冰心等人的短篇小说；另外还出了英文版的《林语堂英文小品文选》(1941年)。

除了这家出版社出的这本汉英对照的巴金作品选集外，1941年香港齿轮编辑社还出版过巴金的中篇小说《星》的汉英对照本，1941年4月重庆陪都书店还出版了《初恋　巴金短篇小说选译》"华英对照本"。

最后，需要提一下的是，作为一个学习并教授英语的读者，在我读了这本汉英对照的《巴金短篇小说选》后，感到译者在翻译过程中下了一定的功夫，译笔流畅、简洁、到位。我想，这位译者，除了具有纯熟的英语语言功底外，还深刻地理解了巴金的创作思想和意图。

巴金自称不是"创作"的《利娜》

我收藏有一本巴金民国版的《利娜》,文化生活出版社出版,是巴金主编的《文学丛刊》第六集中的一种。民国二十九年(1940年)8月初版,我的这本是民国三十五年(1946年)11月三版。这本书与其他《文学丛刊》的书籍的设计一样,32开本,本白色的封面,只是书名"利娜"二字是红色的。

1934年10月,巴金与郑振铎、沈从文、李健吾、卞之琳等共同筹备的文学月刊《水星》创刊,具体编务由卞之琳负责。刊物需要连载小说,巴金就创作了这个中篇小说《利娜》。小说以抒情诗的笔调,叙述了俄国贵族少女利娜,爱上青年革命者波利司;她被囚禁,又被流放到西伯利亚,但终于和波利司重逢而结合。小说歌颂了因反对沙皇统治被捕入狱的革命者波利司的斗争精神,赞美了反对封建专制,抛弃富裕家庭和个人安逸的贵族小姐利娜的献身精神。小说取材于俄国历史中的一段史料，但小说里面许多对黑暗社会攻击的话语，却是巴金对当时中国现实的影射和批判。例如：波利司对利娜说："沙皇说：'只有我一个人是对的。'沙皇不仅是肉体的主人，同时还是灵魂的主宰。""俄罗斯是外国人的，不是俄国人自己的！亚历山大也只是外国人的工具而已！"利娜对女友说："他不过在阳台上对一个年轻姑娘谈了一些话。难道现在连私人谈话的自由也没有吗……俄罗斯的确是悲惨的，可怖的，丑恶的！"巴金觉得，他在这篇小说里，"话说得非常痛快"。小说《利娜》完成后，巴金寄给北平的卞之琳，然后就漂洋过海去日本了。小说没有赶上《水星》的创刊号，在第一卷第二至第五期上连载，署名欧阳镜蓉。

《利娜》是书信体小说，是根据《一个虚无主义者的书信》的法文小册子改写的，原信共二十六封，经巴金删改合并，缩成十九封，故事也有了一些改动。《利娜》分上、下两篇。上篇共十七封信，下篇两封信。上篇的"引子"里说："这是一个俄国贵族少女在监牢中写给她的一个波兰女友的十七封信……信里说的全是一个年青男子的事情，这个男子名字叫波利司，利娜正偷偷地爱着他。"这些信主要叙述波利司对利娜做的长篇演说，以及她被捕后的情形。下篇也有一个"引子"，其中说："后面的两封信是在西伯利亚寄出的。利娜已经被押解到西伯利亚的矿坑里来了……利娜不再偷偷地爱着波利司，她终于找到了他而且与他结合了。"信中利娜描述了矿坑地狱般的生活，并兴奋地告诉好友，虽然是在极度严寒痛苦的西伯利亚，但两个人的幸福结合却像冬日里的一束阳光，给他们，给革命都带来了希望。

《利娜》还曾收入上海商务印书馆1936年3月出版的小说集《沉落》（又名《沦落》）。1940年春，巴金为文化生活出版社出版的《利娜》写了一个《前记》，在这个《前记》中，他说："我很喜欢这个作品，因为在这里面说话非常痛快。但这不是我的成绩。倘使没有那几本外国书，我决不能够写出这样的小说。而且倘使没有那许多许多男女青年的献身事迹，连这几本外国书也不会有，更不必提到我的小说了。"巴金直接借用俄罗斯女杰的故事，塑造出一个给人希望、令人鼓舞的女革命者的形象。

巴金后来又说，小说《利娜》是"我借用别人的文字发自己的牢骚，不是用我的嘴讲别人的话。那么文章总还是我的吧。但严格地说来，它却不是'创作'了"。

十本可爱的小书
——关于《翻译小文库》

香港作家许定铭认为,巴金先生给我们留下三项丰硕的成果:一是等身的伟大著作,二是他一手编辑出版的《文学丛刊》,三是呼吁并建成了中国现代文学馆。关于第二项,我觉得有些不全面,在巴金主持下,上海文化生活出版社出版了几十种文学创作和翻译的丛书,而不仅仅是那套《文学丛刊》。

巴金任总编辑的上海文化生活出版社,在近二十年的时间里,除了出版大量的新文学作品,扶植、培养了一批文学新人外,还编辑了数套翻译丛书,如《文化生活丛刊》(共四十九种,其中含三本创作)《译文丛书》(共六十五种)《翻译小文库》(共十种)等,出版了大量优秀的翻译作品,有力地促进了现代翻译的进步与发展。

《翻译小文库》是文化生活出版社所出书籍中开本最小的一种,采用的是六十四开,是地地道道的袖珍本、掌中书。这套书虽以"小"为名，但小而不俗。书籍的封面一律是浅绿色，第一行是"翻译小文库"几个字，下面是小字印刷的"第×种"，接着一行是大字的书名，再下面两行是著者和译者，封面的底部标明"文化生活出版社刊"，格式统一，美观大方。这套《翻译小文库》出版于抗日烽火之中，小开本十分符合战时便于携带的要求。书籍开本虽小，设计装帧却一如既往地认真考究，印刷精致，也很美观，且价格低廉，二三元左右，反映出在战时极其艰苦的条件下，文化生活出版社的敬业和始终不变的认真精神。文化生活出版社的事业，虽然在抗日战争中受到重创，但巴金及其同人为理想献身、为文明播火的信念从没有动摇过。

《翻译小文库》自1940年9月到1948年6月，共出了十本，即第一种：亚米契斯（意大利）的《过客之花》（巴金译）；第二种：普式庚（俄国，通译普希金）等的《叛逆者之歌》（巴金译）；第三种：区曼特林（苏联）的《白石》（许天虹译）；第四种：凡宰地（意大利）的《我的生活故事》（巴金译）；第五种：玛尔格里特（法国）等的《白甲骑兵》（罗淑译）；第六种：米尔博（法国）的《仓房里的男子》（马宗融译）；第七种：乌纳慕诺（西班牙）的《寂寞》（庄重译）；第八种：凡·布宁（俄国）等的《伊达》（李林译）；第九种：左拉（法国）的《磨坊之役》（毕修勺译）；第十种：D.奈米洛夫（保加利亚）

等的《笑》(巴金译)。在这十种翻译作品中,巴金翻译的有四种,几乎占了一半,可见他的热情和勤奋。就体裁而言,这些作品有短篇小说、诗歌和小剧本,仅左拉的《磨坊之役》可算一部中篇小说。其中法国作品有三部,这一比例实际上又与《译文丛书》和《文化生活丛刊》的编辑主旨相吻合。

我收藏有这十种书籍中的四种,可从这四种中看到这套丛书的全貌。

第一种:《过客之花》(巴金译)。作者埃迪蒙托·德·亚米契斯(Edmondo De Amicis),他的作品在我国出版,并不是始于这一本。他曾写过一本名为《爱的教育》的儿童小说,影响了一代青年,夏丏尊从日文版转译,1924年由开明出版社出版。《过客之花》是作者晚年的作品,是一个短短的小剧,剧虽短影响却不小,在罗马上演时,曾获得极大的成功。1930年1月巴金从世界语把它转译过来,译文最初发表在《小说月报》上,1933年6月,由上海开明书店出过单行本,1940年1月收入《翻译小文库》。我这本《过客之花》是"民国三十六年(1947年)10月再版"本,全书不包括《译者序》共81页,定价2元。书前有一幅作者素描画像。在《译者序》中,1939年9月巴金在1933年1月的序言后面又写道:"以上是六年前写的短序,最近翻看这本小书,觉得还可以重印,便费了一天的工夫把它修改一遍,改的地方不少，可以说是重译，不过原文不在手边，无法逐字校阅，或许仍有错误的地方也未可知。"巴金对自己的译作极其认真，又诚恳地向读者负责，所以重版一次，就要修改一次。学者唐弢先生曾说："作家中对自己译作屡印屡改者，当推此公（巴金）为第一名。"这个小剧情节简单，是写一段爱情故事，凡是读了安娜与阿尔背脱的那段情，读了安娜在爱情与信仰之间的挣扎，没有不受感动的。

第三种：《白石》（许天虹译）。此书"民国二十九年（1940年）九月初版"。我的这本是"民国三十七年（1948年）六月再版"本。全书包括《译者附记》共177页，定价3元7角。译者在《译者附记》中，简单讲了小说的大意，主要是介绍苏联人复杂的姓名构成，以帮助读者弄清人物关系，但译者也讲道："关于作者区曼特林（M. Chumandrin）生平事迹，我一点也不知道。本文是根据 Andreyevakaya 和 S. Shupack 两人的英译本译出来的。"对于译者许天虹，现在知道的人已经很少了。许天虹（1907-1958）浙江海盐人，原名许郁勋，笔名许天虹、白石。早年就读于嘉兴秀洲中学，与翻译家黄源同学。1922年进入之江大学附中高中部，与同窗吴朗西、陆蠡结下深厚友谊。1935年吴朗西、巴金等创办上海文化生活出版社，许天虹担任特约翻译。1939年后，他举家迁往浙江临海，一边在中学任教，一边从事翻译。主要翻译作品有《迭更司评传》《大卫·科波菲尔》《双城记》《托尔斯泰》《玛志尼》等。新中国成立后，许天虹曾先后任台州文化馆馆长、浙江人民出版社社长等职。1958年，因病逝世，一代翻译家就这样匆匆走过了半个多世纪的人生旅程。

小说《白石》是苏联作家描写新社会建设事业中，人际关系方面仍存在阻碍的一部作品。主要通过一个"具有小资产阶层根性的人"如何成为一个"具有社会意识的新人"的过程，来展示一切。它与《翻译小文库》中的另一种《伊达》，可以说恰恰从两个不同角度反映了俄国社会之变迁。

第四种：《我的生活故事》（巴金译）。这是巴尔托罗美·凡宰地（现通译凡宰特）（Bartolomeo Vanzetti）的自传，是从英语翻译过来的，巴金于1927年11月在法国翻译完毕。最早书名为《一个无产阶级的生涯底故事》，载于《革命的先驱》（上海自由书店，1928年），1929年又由上海自由书店以《一个卖鱼者的生涯（凡宰地著自序传）》为题出版。1938年平明出版社以《一个无产者生活的故事》又出过单行本。1940年9月收入《翻译小文库》时，改题为《我的生活故事》。我手中的这本《我的生活故事》是"民国三十六年（1947年）十月再版"本。书的前面有凡宰地的素描头像。全书包括《前言》《小引》《代序》，以及两个"附录"共83页，定价2元。

凡宰特是居住在美国的穷苦的意大利移民，是个鱼贩子，他与他的同胞萨珂——一个制鞋匠，都是无政府主义者，是美国新英格兰地区的劳工领袖，多次组织劳工运动。1920年5月5日，马萨诸塞州当局以捏造的杀人抢劫罪，把他们二人逮捕。案件前后共审理了七年，引起全世界进步人士的抗议，但马萨诸塞州政府不顾世界舆论的谴责，终于在1927年8月23日，对他们执行了死刑。巴金当时正在巴黎，他热情地投入了营救活动，并与狱中的凡宰特通过几封信。巴金用以翻译的原书就是凡宰特从狱中寄给他的。凡宰特的职业是鱼贩子，没有经过什么文学训练，却由于真心真情的诉说，而呈现一种感人的魅力。所以巴金在1938年写的《前记》中说："这篇短文比我所写的一切纪念文章都有力，它本身是很朴质而又很雄辩的。"也正因此，巴金"把这小小的自传印出来。这是一本真实的书。它会感动许多纯洁的心灵的"。

第十种：《笑》（巴金译）。我手中的这本《笑》是"民国三十七年（1948年）六月初版"本，不知道后来是否再版过。书中共收四篇作品，即：奈米洛夫（保加利亚）的《笑》、库普林（俄国）的《白痴》、伏奈斯悌（罗马尼亚）的《加斯多尔的死》以及爱罗先珂（俄国）的《木星的人神》。书的前面有爱罗先珂的照片，"目次"前有巴金1947年12月写的《前记》，在爱罗先珂的小说后面还附有巴金1930年9月写的《关于爱罗先珂》一文。全书共99页，定价2元7角。

巴金在《前言》中介绍了他翻译这四个作品的情况："收在这本小书内的四篇译文都是我的试译。《笑》和《白痴》两篇是今年初冬翻译的，《木星的人神》与《加斯加尔之死》则是十六七年前的旧译。"四位作者中，特别值得一提的是俄国盲诗人爱罗先珂，他是一位世界语者，曾到中国，与周氏兄弟、蔡元培、巴金等人，以及中国的世界语者有广泛的交往，在周作人推动下，经蔡元培特聘，到北京大学教授世界语，并住在周氏兄弟八道湾住宅里。巴金为他编辑出版了童话集《幸福的船》。巴金翻译的这篇童话《木星的人神》，"虽不是爱罗先珂最好的作品"，但它的意义在于它的译出，标志着爱罗先珂所有的童话及小品都有了中文译本。爱罗先珂就像一个琴师，把他"对于人类的爱与对于社会的悲都弹奏出来，使青年人拥有更多的同情、更多的爱"。他的名作《幸福的船》打动了许多人的心。

《翻译小文库》中的这些作品几乎都是20世纪的作品，有着很强的现实性，尤其《白甲骑兵》等，与40年代中国的现实有着某种相通之处。而且几乎围绕着每一本书，都有一段生动有趣的故事。就以《白甲骑兵》为例，译者是英年早逝的女文学家和翻译家罗淑。罗淑（1903—1938），原名罗世弥。她在创作之余，还为报刊翻译一些法文作品。当时黎烈文正在主编《译文月刊》,对稿件要求很高,但罗淑投寄的几篇法文译稿,颇受推重。这本译文集由巴金编辑,而且很费一番周折。因为罗淑并没有留下原稿,这些译文都发表在各种刊物上。当时巴金在昆明,无法找到这些刊物,便委托在上海留守文化生活出版社的作家陆蠡帮助。陆蠡接到巴金的信后,便四处寻找罗淑译文发表的刊物,又请人从刊物上抄写下来,再设法寄给巴金。巴金便在这些手抄稿的基础上,编出这本《白甲骑兵》。巴金在《〈白甲骑士〉后记》中这样说:"……我其实不能算是尽了责。不过这些日子我们是在一种抓彩的情形下过活。我们的大部时间都花在这件事上面。我们每天都抓彩。抓的不是金钱,却是死亡。倘使一旦抓到,则在轰然一响之后,我的心灵就会消灭,我也没有机会来做任何事情了。由此即使草率地做完一件工作,在我,也是一桩值得欢喜的事。但这情形不知道会不会被一般的读者了解。"(《巴金全集》第17卷,第344页。人民文学出版社,1991年)巴金当时就是在这样的环境,怀着这样的心情,编辑罗淑这本译文集的,他那种对友人由衷的爱戴和珍惜情怀,至今读来,仍令人感动。

细心的读者会发现,巴金的"后记"是1941年8月17日写于昆明的。第一句话就说:"世弥的第二个翻译小说集能够在她逝世三年后的今日同读者见面,我觉得这是一件可喜的事。"可知当时书籍已经编辑好,很快就要出版,但由于战乱,直到抗日胜利后的1947年10月,巴金才将它列为《翻译小文库》第五种出版。此时距巴金当初编辑成稿,已经过去了六年时间;距离译者罗淑逝世,已经接近十年。时光流逝,令人感叹。在战火纷飞的岁月里,巴金所做的艰苦努力,可想而知。

根据笔者不完全的统计,以巴金为总编的文化生活出版社,共出版翻译作品一百三十六种,这还不包括《新文艺丛刊》中的五本画册。《翻译小文库》中的十本可爱的小书,就像这个大花园中的十朵鲜艳的姊妹花。它们将永远在我国文学史和翻译史上,散发着淡雅的幽香。

巴金编《羽书》的两则趣闻

《博览群书》2012年第4期刊有子张先生《三十年后重提吴伯箫》一文。子张先生是研究吴伯箫的专家，他从1981年大学毕业，被分配到吴伯箫的故乡——山东省莱芜市任教，就开始了研究工作。但不久，吴伯箫病重离世（1982年8月），两人竟缘悭一面。三十年来，子张先生一直关注着吴伯箫身后著作出版的情况，对吴伯箫及其作品的研究，也取得了斐然成果。

读子张先生的文章，使我想起我手中一本民国版的吴伯箫著作，它就是《羽书》，由巴金任总编的文化生活出版社（简称"文生社"）1941年5月出版，编入《文学丛刊》第七集。它是吴伯箫出版的第一本书，也就是说，《羽书》是他的"处女集"。这本《羽书》的封面设计与《文学丛刊》中其他平装本一样，非常简朴：白底，上端从中间向右是"文学丛刊"四个小字，左上角用老宋体标出书名和作者，"羽书"两字是红色的，下面"吴伯萧"三字是黑色的。但有点遗憾的是"箫"印成了"萧",或系误排。下面居中则是横排的"文化生活出版社"七个小字。这个设计虽说非常单调,可是却包含了不凡的内涵。书的版权页最右边竖排两行文字,上面是"有版权",下面是"定价壹元",最左边一行印着"中华民国三十年(1941年)五月初版";中间分两部分,右边是书名、作者、发行人、出版者、印刷者的姓名和地址,左边是《文学丛刊》第七集共十六册书的书名、体裁和作者,其中包括沈从文的长篇小说《长河》、王统照的短篇小说《华亭鹤》、巴金的散文《狗》、李健吾的文学评论集《咀华二集》、曹禺的戏剧《北京人》和艾青的诗集《北方》等。版权页的背面是《文学丛刊》的广告词,以及第二集和第三集的作品目录。

这本《羽书》共收入作者十八篇散文。多数是吴伯箫在青岛山东大学工作时的作品,如《山屋》《野孩子》《岛上的季节》《海上鸥》《阴岛的渔盐》是写青岛的见闻和风物人情;《灯笼》《马》《啼晓鸡》是写自己少年的趣事;《话故都》《我还没见过长城》等抒发对故都北平的向往;《羽书》则写自己有过的忧国忧民、许身报国的情怀。这些作品文风清丽典雅,叙述条理清晰,用词生动传神,充分代表了吴伯箫早期散文写作的基本特征。其中有的篇章后来还被选入中学语文课本。

围绕着这本《羽书》的出版,有两则趣闻不得不表。

吴伯箫（1906—1982），原名熙成，字伯箫。1906年出身于山东莱芜吴花园村一个半耕半读的富裕家庭。七岁起跟随父亲读书，十四岁考入曲阜师范学校。1925年夏考入北京师范大学，从那时起他开始写作。1931年夏从北京师范大学英语系毕业后，来到青岛大学（1932年9月"国立青岛大学"更名为"国立山东大学"），在校长办公室任事务员。在那里他结识了闻一多、洪深、老舍、王统照等文学家。1935年，吴伯箫离开青岛，先后在济南和莱阳教书。暑假期间回到青岛，与老舍、王统照、洪深、臧克家、王亚平等创办《避暑录话》。

1937年，抗日战争爆发，青岛危在旦夕。王统照要离开青岛去上海，吴伯箫当时正任莱阳乡村师范学校的校长。他感觉打起仗来，自己流落到哪里很难预料，所以就像"托孤"一样，把自己大学毕业后六年在报刊上发表的东西，剪贴成册交给了王统照。临别前，他激动地握着王统照的手，说："你看有什么地方可以印就印，没有什么地方可以印，就存在你手里吧。"当时吴伯箫对自己作品的出版并没有信心，所以连个书名也没有起。

1938年4月，吴伯箫到达延安，投身于革命工作，对于托付给王统照代为保管的那个散文集子，似乎早已忘到九霄云外了。

1942年夏天，有人对吴伯箫说："你的一本书出版了。"吴听了一愣：我会有什么书出版呢？那人说："上海一家杂志上还登了别人为你的书写的序言。"那人还拿出那本杂志给吴伯箫看。里面果然登着《羽书》的序言，作者是"韦佩"。可这个名字吴伯箫并不熟悉。"韦佩"是谁呢？当他读了序文的开头："伯箫此集存在我的乱纸堆里已两年半了……"他这才恍然大悟，这是自己的好朋友王统照。接着便想起自己在青岛与他分手时"托孤"的情景。王统照以文章《羽书》篇名作为书名，正好适应抗日战争初期的形势。吴伯箫翻看着那篇序文，为作品的问世而激动，更为朋友深厚的情谊而感动。应该说明的是，这本《羽书》中，并没有收入王统照写的序文。后来吴伯箫得到桂林再版的一本《羽书》，就把韦佩写的序言剪贴在目录的前面，一直珍藏了二十年，"文化大革命"初期不幸被打砸抢分子抄走了，后来也一直没有找回来。

另一件事情发生在中华人民共和国成立前夕的1949年7月。当时，全国第一次文代会在北京怀仁堂举行，《羽书》的作者吴伯箫和编者巴金都是大会的代表。当吴伯箫见到巴金时，巴金没有寒暄，第一句话就问吴伯箫：

"你的稿费收到了吧？"

巴金的话让吴伯箫摸不着头脑，有点吃惊地问："什么稿费？"

"你的《羽书》的稿费。"巴金回答。

"还有稿费啊？"

"寄给你两次稿费,你没有收到?"巴金也有点纳闷。

"稿费寄到哪里了?"

"济南。"

"抗战八年我都在延安啊。"

"哎呀,这里边有鬼,受骗了。《羽书》一出版,我们就寄稿费给你。你收到以后,用左手写了一封信给我们,说是右手跟敌人作战受伤了,希望再寄一点稿费养伤。我们就又寄了第二笔……"

"是吗,真是受骗了!"吴伯箫说,"这冒名的人是谁呢?"

这个冒名领取《羽书》稿费的人也许永远也找不到了,但王统照不负朋友之托为其出书,巴金和上海文化生活出版社为吴伯箫两度邮寄稿费,已成为文坛上人们称道的佳话。

《巴金全集》中的两个错误

从20世纪80年代到90年代,人民文学出版社陆续出版的26卷本的《巴金全集》,这套书应该是目前最全面、最权威的巴金著作的版本。人们自然把它作为研究巴金作品和巴金思想、活动的标准文本。

然而,在笔者阅读中偶然地发现了两处不该有的错误。抄录如下:

一

《巴金全集》第26卷(1994年2月第一版)最后附有李存光先生的《巴金著译年表》,其中在1949年中有这样一项:

一九四九年 四十五岁

十月十九日　与刘长胜、萧三、夏衍等往祭扫鲁迅墓，并出席上海各界纪念鲁迅先生逝世三十周年大会。

(《巴金全集》第26卷 第568页)

鲁迅先生出生于1881年9月25日，逝世于1936年10月19日。到1949年10月19日，鲁迅先生逝世十三周年而非三十周年。可能是当初把十三和三十这两个数字混淆了，但校对时没有发现，故而留下这个错误。

二

《巴金全集》第17卷（1991年1月第一版）中有《〈心字〉后记》一文，在第345页下面有这样一个注释：

《心字》：卢剑波著。一九四七年十一月上海文化生活出版社出版。

这个注释是错误的。实际上，卢剑波的这本《心字》，是收入巴金主编的《文学丛刊》第8集，这一集像前面的几集一样，一共有16种著作，其中包括巴金的《小人小事》、萧乾的《南德的暮秋》、靳以的《春草》、曹禺的《艳阳天》、何其芳的《还乡杂记》等。在《心字》这本书的版权页上印着"中华民国三十五年十一月初版",即1946年11月出版。如果原书不好找,可以参看孙晶著的《巴金和现代出版》(复旦大学出版社,2012年1月第一版),在"巴金编辑的主要图书作品目录"这部分,标着《心字》出版于1946年11月(见该书第244页)。

之所以出现这个错误,可能是受巴金这篇《〈心字〉后记》的影响。卢剑波与巴金是四川老乡,他们从学生时代就相识,有着共同的理想和信仰。巴金为卢剑波编辑的《心字》出版的第二年1947年6月,他写了《记剑波和他的小书〈心字〉》一文,刊载于1947年7月1日的《文汇报》上。此文并不是在编辑《心字》时写的,也不完全是针对那本书写的,只是后来改题为《〈心字〉后记》。可能编者以为,"后记"写于1947年,书也应该出版于1947年,于是就出现了这一错误的注释。

据说,现在正在编辑新版的《巴金全集》,希望新"全集"出版时,能订正以上这两个错误。

巴金小说的修辞美

——以《春天里的秋天》中的明喻为例

巴金的中篇小说《春天里的秋天》写于 1932 年。素材来自巴金的泉州访友之行。小说描写了一对青年男女在封建专制家庭摧残下的爱情悲剧。它是"整整一代的青年的呼吁"。小说运用第一人称手法，用浓郁的抒情笔调，通过男主人公林之口，叙述、描写了他和少女郑佩瑢，从相识到热恋再到分离，直到死别的爱情悲剧。全篇就像一首感情浓重、回旋跌宕的抒情散文诗，从始至终充溢着耐人体味、魅力无穷的诗情味，是巴金小说作品中一首别具情趣和韵味的、荡气回肠的爱情悲歌。

小说的情节相对比较简单。之所以有如此动人的抒情气息和媚人的诗情味，除了它的内容、语言形式等方面的原因外，各种修辞手法精当、贴切的运用，尤其是明喻的运用，是达到这些艺术效果的重要因素。整部小说共二十节，全篇仅三万二千多字，而运用明喻这一修辞格的地方就多达四五十处。

巴金小说中修辞格的巧妙运用，不仅仅体现在这一本小说中，在他其他的小说中也是如此。

一、《春天里的秋天》中明喻的修辞功能

从修辞学上讲，明喻是比喻的一种，它是一种通过联想，将两个在本质上根本不同的事物，由某一相似性特点而直接联系搭挂于一起的修辞文本模式。这种修辞文本的建构，在表达上有增强所叙写对象内容的生动性和形象性的效果；在接收上，有利于调动读者兴趣，使其可以准确地解读出文本的意蕴。而且可以通过读者的再造性想象，扩大或增添文本所叙写的内涵意象，从而获得大于形象内容的解读快感与审美享受。明喻是一种形式全备的比喻模式，它的典型格式是"甲像乙"。其中甲是本体，乙是喻体，"像"是喻词，喻词就像是本体与喻体之间的桥梁。明喻修辞文本，由于形式上的明显，一般最易看出。使用的也比较多，一般的写作者多喜欢用明喻的形式来设喻。

小说的修辞效果是一个可以从多方面分类考查的问题。小说是由多种因素构成的，其中的每一个因素，都与小说修辞有关，都与小说的修辞效果有关。与作品的生命力和影响力的持久性相关。巴金在小说《春天里的

秋天》里运用明喻修辞格就收到了描述事物、刻画心理、抒发感情的效果，产生了扣人心弦的艺术力量。

（一）描述事物

小说开头的第一节，写林接到大哥的死讯，尽管他自己正处在热恋之中，仍感到十分压抑。这消息给他和郑佩瑢的爱情前景投下不祥的阴影。他恍如在梦中，呆呆地望着墙壁，他似乎出现了幻觉，墙壁上渐渐地现出了一张黑瘦的脸，一个年轻人的平凡的脸——那是死去的哥哥的脸。哥哥对他讲话了：

> "我不愿意死！"他忽然扁起嘴说，他的脸变得真难看，嘴成了一个"一"字，眼睛成了两根线。我睁大眼睛去看。那张脸不住地扁下去，成了像馒头一样地可笑。
> （《巴金选集》第5卷，第一节，四川人民出版社版，1982年版。以下引文同此。）

在林的眼里，哥哥的脸"像馒头一样地可笑"，作者这样描述并不是在调侃，这是在暗示他们的爱情的未来和结局。尽管他们现在陶醉在个人感情的小天地里，但他们爱情之途是渺茫的，在享受春天般爱的欢娱中透出秋天般哀叹的悲音。而结局也是悲剧的：哥哥因爱情而自杀，郑佩瑢也殉情而死。

在第二节,林和少女郑佩瑢外出散步,从墓地走进花园,当他们谈起林的哥哥的自杀,生与死以及爱的时候,林对他热恋中的少女的心思捉摸不定,对她的言语和举动有些疑心,担心她对自己的爱情的转移,但对这些又没有把握,因此,极力地对少女进行试探。而此时的少女内心也承受着煎熬,她一方面渴望得到林的真挚的爱,而又不能对抗父亲的意志,因为父亲不喜欢外省人,而林恰恰是个外省人。这是她心头的阴影,她的心正被薄雾笼罩着。他们的爱情之间有一堵看不见的墙。在这种心境下,少女的言语、举动自然不是那样的明朗和爽快,含有深深的抑郁感。作者有这样一段描述:

"爱是美丽的东西。它太美丽了,我不能够占有它。"她低声说,好像是说给她自己听。她的声音像提琴那样地柔和,那样地哀婉。

我望着她的脸,脸上罩了一层云雾,这云雾使它显得更美丽,好像新娘披上了面纱。但这新娘不会是我的。

我一把抱住她,像抱一件宝贵的东西。我淌下泪,一颗一颗的泪珠落在她的头发上,像一些滚动的明珠。

(第二节)

作者在这个小小的片段里,三次使用明喻这一修辞格。作者使用"面纱""提琴"和"明珠"作喻体,目的在于描述。通过这样精巧、细腻的描述,形象而具体地展现了少女心头绵绵的愁绪和林胸中被压抑的伤感。

(二)刻画心理

《春天里的秋天》以清新明媚的南国的春天为背景,这一背景正好烘托了关于爱情故事的情节。这对恋人在一起时,说着无尽无休的滔滔情话,倾吐着缠绵温柔的情愫,但又像所有的热恋中的情人一样,在反反复复地试探、思念、烦恼、嫉妒中度过他们的热恋时光。这些心理活动,作者用恰到好处的明喻表现了出来。如在第二节中,在他们散步时,林感到她热恋中的少女郑佩瑢今天的举动很奇怪,他怀疑,"难道我们的爱情已经发生了裂痕",并痛苦地问她是什么缘故,少女当然没有告诉她。但后来郑"命令"他送她回家,并请他喝酒。一下子,林的心情大变,阴霾突然消散了,头上是一片阳光。作者用了一个明喻刻画他当时的心理状况:

我不说话,掉过头去用眼睛谢她。她的脸上带着微笑,像开花一样。云雾已经消散了。
(第二节)

接着,他们来到郑的家中,郑请林和她一起喝酒。作者又是这样描写他们喝酒的情景的:

> 我看她,她已经喝了四杯了。
> 她的脸红得可爱,眼睛里射出强烈的光。这对亮眼睛真迷人呀!
> "我没有醉!我并没有喝醉!"她接连地分辩说,声音像小鸟在叫。
> "你摸我的脸,我的额角,凉凉的。"她把手伸过来,拉着我的手去摸她的脸。
> 好烫的手!脸烫得像一团火在烧!她还说是凉凉的。
>
> (第二节)

无论是"像小鸟在叫",还是"像一团火在烧",只不过是林自己心理状态的反映,他感到他与郑佩瑢的爱情有了希望,有了保障,并没有发生什么意外的事情,他们的爱情并没有裂痕。但压在少女心头上的那块石头并没有除去,所以"她还说是凉凉的"。

在小说的第六节,当林向郑表白对爱情的真挚态度时,郑反问他,会不会有一点儿后悔,是不是甘愿为她牺牲一切。这些反问正是少女内心隐忧的坦诚流露。作者是这样用明喻进行心理刻画的:

> "林,你还爱我吗,像从前那样?"她忽然问,声音像春夜吹的洞箫,阴云遮了眼睛,像是要落雨了。
>
> 春天的雨呢,秋天的雨呢,我不知道。我的心在颤动了。
>
> （第六节）

接着,作者又这样写道:

> 我听不见,看不见一切,除了她的声音,她的脸。
>
> "你不会有一点后悔吗,你说你甘愿为我牺牲一切?"这不是银铃声,这是洞箫吹在秋窗风雨夕?
>
> 我的心又一次战抖了。
>
> "秋天来了。"我这样感觉到。
>
> （第六节）

林听到的不是"银铃声",而是"洞箫吹在秋窗风雨夕"。这里的两个明喻一反一正,否定与肯定结合起来,显得活泼富有生气也更为突出地揭示出林从少女反问中体验到的哀伤凄怨之情。

除此之外,小说中还有许多用明喻刻画主人公心理的例子,像:

> 最后的一句话对我好像是送葬的丧钟,我突然害怕起来。
>
> (第七节)
>
> 爱情好像是游戏。
>
> (第十四节)
>
> 她说了上面的话。她的话里有眼泪,像秋天的雨一般的眼泪,把我的心打湿了。
>
> (第十八节)

(三)抒发感情

小说《春天里的秋天》情节简单,人物也只有三个,但咏叹感慨的气势和情感的凝聚却十分突出。它所形成的气势和情感波澜可以说是一咏三叹,强烈凝重且富有顿挫跌宕,耐人品味。每一节都是两个年轻人感情生活的一大波澜,一节中又有小的跌宕起伏和横向的展开。这种优美的抒情诗一般的结构,把热恋中的主人公含蓄微妙的感情,可意会而难以言传的心理波动,都真真切切地传达给了读者。而且小说中人物感情的发展轨迹并不是平直的,而是曲折起伏的。循着这条曲折起伏的人物思想情感发展的轨迹，我们发现，人物的思想情感时而欢快，时而抑郁，时而平和舒缓，时而焦虑烦躁。为了生动，形象，准确地把人物在不同时间和空间的情感充分展示出来，同样借助了明喻这一修辞方法。

一天晚上，林和郑佩瑢在她家中一起饮酒。少女是借酒浇愁，她喝醉了，向林倾诉了自己心中的苦闷。第二天林和朋友许一起去看望她，这时少女的心情不同了。作者这样写道：

> 我们走进了绿色的木栅门，看见瑢站在石阶上，穿了一件粉红色衫子。黑色短裙。
> "好早呀！"她给我们一个微笑，春天的笑。好像阳光在花瓣上发亮。
> "今天是你的休息日。"她对许说。
> "今天早晨只睡了三个钟头的觉。"许回答，好像秋夜的雨声。
> "我昨晚喝醉了，跟林吵了架。"她发出银铃似的笑声，话是说给许听的。
>
> （第三节）

这里的"阳光"和"银铃"都是明喻，极力描述少女的笑脸和笑声，目的是展示她心头轻松，欢愉的感情。"秋夜的雨声"也是明喻，在这里与"阳光"是不和谐的，这恰恰表示许预感到他们的爱情不会有圆满的结局，为他们担心，但又不便说出来，扫他们的兴的矛盾心情。

特别值得一提的是，在小说里作者多次用"银铃""阳光""春天""秋天""晴天""阴天"作喻体（有时用在明喻里，有时用在隐喻里或借喻里）。少女郑佩瑢高兴时，她说话的声音就"像银铃似的"，而不高兴时，就是"洞箫吹在秋窗风雨夕"；当他们的恋爱进展顺利时，或是郑心情愉快时，是"春天"，反之，则是"秋天"；少女神情欢乐，面带笑容，此时心中阴霾不重，就是"晴天"，但心中被阴霾笼罩时，则是"阴天"。这些比喻把抽象的、无形的、不易被感官直接感知的内在的情愫展现得更具体形象，更易被感官直接感知，从而使巴金笔下人物的语势、神情、动态充满了情感的活力，并以形传神，以形传情，引发读者情感，启发读者想象，深思，从而增强了小说的艺术审美效果和艺术魅力。

二、巴金小说中修辞格的广泛应用

孔子曰："言之无文，行之不远。"巴金先生在他的小说以及其他的作品中，广泛地使用了各种修辞手段，我们在他的每部作品中，都能看到他那颗燃烧的心，那是他作品的真正的灵魂。在此基础上，他使用修辞格把自己的感情表达出来。

除了我们上面探讨的明喻之外,排比也是巴金先生常使用的一种修辞手段,有学者就对巴金《家》《寒夜》《灭亡》等许多小说出现的排比修辞做过观察和研究,认为排比在巴金笔下既完成了意义上、情感上的充分、强烈的表达,又发挥了理想的艺术审美效果。的确,为了增强语言节奏感和气势,使思想感情更加完满、充沛地表达,并启发读者品味,巴金比较多地运用了排比以及复现等修辞格。他的作品因此产生一种强大而沉郁的美感力量,震撼人心。此外,巴金的作品蕴含着音响节奏和情感波澜的流畅美,而排比就是形成这种美质的重要因素之一。例如:

在巴金的代表作《家》中,大哥觉新是封建家族制度的牺牲品。高老太爷刚死,为了避所谓"血光之灾",大家族的家长们逼迫他的妻子瑞珏到荒凉的郊外去生孩子,结果因难产而死。妻子的尸体惨然躺在一间冰冷的小破屋里。往日不幸的凄怆,面前丧妻的深痛,种种酸楚,一齐涌上心头。觉新跪倒在两扇破门前伤心地痛哭。"他突然明白了,这两扇小门并没有力量,真正夺去他妻子生命的还是另一种东西,是整个制度,整个礼教,整个迷信。这一切全压在他的肩上,把他压了这许多年,给他夺去了青春,夺去了幸福,夺去了前途,夺去了他所最爱的两个女人。"(《家》三十一)

这组由句中谓语构成的四项排比,使用了"夺去"

这样具有强烈感情色彩的行为动词作提纲词，一连重复四次，句式整齐，一气呵成，连贯畅通，一泻千里，控诉封建制度、礼教、迷信这三套枷锁对他的摧残。这是一段议论，因为使用了排比，形成了壮阔、坚定的语势，沉重有力的情感节奏，议论中融进了强烈的愤懑，产生一种强大而沉郁的美感力量，震撼人心。

一般来说，在语言中运用无为的重复，不仅使句子变得冗繁空洞，而且使表达变得乏味，令人生厌。"复现"修辞格，虽然也是重复使用同一语句，但它能突出思想感情，分清层次脉络，增添旋律美，加强节奏感。在巴金的笔下的"复现"更具另一种境界，是为强调某种思想情感而有意安排的，使词语表达的思想和感情更丰富、充实、深厚，更耐人品味，其修辞效果是十分明显的。例如：在《灭亡》第三章里，杜大心所爱的表妹，迫于母命，不得已嫁给了另一个她自己不爱、也不认识的男人，这对杜大心是一个沉重的精神打击。他多么需要表妹的爱呀！但是，"对于他，她却是去了，永远地去了，死了"。这里"去"之前只增加了两个字"永远"，这样形成的"复现"，饱含着杜大心极度的伤痛和依恋之情。

当然，巴金的小说中所用的修辞格远不只这些，我们从他的作品里，可以很容易地找到含而不露的隐喻、化无灵为有灵的拟人、闪烁其词的委婉、强化语义的夸张、一语两意的双关等等。这些修辞格的运用，不但强化了作者要表达的丰富的思想感情，也给作品增加了无限的艺术魅力。

长久以来，巴金的小说之所以能吸引着一代又一代的读者，除了小说所蕴含的深邃的思想以及所表达的对人类的关爱，其语言的艺术魅力也是一个主要原因。在《春天里的秋天》中，巴金所使用的喻体种类繁多，风雨雷电，日月星辰，天上地下，人世自然，应有尽有，看似信手拈来，实则深思熟虑。透过这一点，就可以看出，作家凭借深入细致的观察，捕捉事物的突出特征，通过巧妙的联想和贴切的语言，无论是喻人、喻物，还是喻声、喻色，都以具体完整的艺术形象描述本体，喻体本体融为一体，浑然天成。从一个侧面反映了作者运用修辞格的娴熟技巧，同时为小说的艺术语言增添了无限的神韵和光彩。透过这些形象动人的语言外壳，小说人物的情感世界得到了深刻有力的展示和塑造。人物形象的立体感和丰厚度也因而大大增强。巴金根据小说内容表达上的需要，以及自己的艺术审美旨趣，巧妙娴熟地驾驭语言，创造了自己独特的文学语言。巴金在《春天里的秋天》中运用明喻，在《家》中运用排比，以及在其他的作品中运用的大量修辞手法，无一例外地反映出巴金运用修辞方式，突出自己艺术创作个性的高超技能。这使他的作品富于艺术魅力和审美趣味，也是人们百读不厌的重要原因之一。

后 记

这本书是从我近年来所写有关巴金先生的文章中，选出不到三十篇编撰而成。大致可以分为两部分，一是有关巴金与他朋友的故事，一是关于巴金所写所编书籍的书话，实际也包括与巴金的作品相关的小文章。

我从上小学就开始读巴金的书，渐渐地喜欢上了巴金，也开始收藏巴金的书籍。特别是在"文化大革命"的前一年，我上大学一年级时，正赶上落实最高领袖关于教育的"春节谈话"，要把课程"砍掉一半"。我记得那时每周只有十几节专业课，除了一些政治学习外，大部分时间是自由支配，虽然我不是学文学的，但课余读的都是文学书籍，而且以巴金的作品为主。

参加工作以后，因为忙于本职英语教学工作，虽然文学书籍读得少了，但还是坚持读巴金。那个时期的阅读，已不仅仅限于巴金的作品，而扩大到巴金作品的评论、巴金的传记以及巴金思想的研究。20世纪90年代出版的徐开垒的《巴金传》，以及新世纪出版的陈丹晨的《巴金全传》和李辉的《巴金传》我都反复阅读过。

退休以后，虽然没有完全脱离我的教学工作，但毕竟自由多了。我参加了几次巴金学术研讨会，结交了一些巴金研究专家，使我有机会听到他们的宏论高见，并进行了面对面的交流。他们还把自己的著作赠给我，让我分享他们研究巴金的成果。在他们的指导和影响下，在他们的作品的滋养下，我也开始试着写与巴金有关的文章。令人高兴的是，有些文章被报刊采用，还得到了某些好评。写到这里，我想借此机会向这些专家学者表示由衷的感谢，我将一如既往地，在他们尾灯的光照下，在巴金研究这个领域中继续前行。

我要特别感谢周立民先生，是他首先邀请我参加第九届巴金学术研讨会，虽然因为当时我正好在海南三亚学院主持一个全国性的英语专业会议，未能参加那个研讨会，但我提交的论文被大会接受，并编入"巴金研究集刊卷六"《五四新文学精神的薪传》一书。这对我是一个标志性的事件，是我进行巴金研究迈出的第一步。

周立民先生一直关心着我的写作。当他受出版社委托要编一套有关巴金的书籍的时候，他想到我，给我发来信息，让我也准备一本，这样就催生了这本书籍的出版。在此对周立民先生表示由衷的感谢。

另外，在我当初撰写这些文章的时候，参考并吸收了许多专家学者的研究成果,在此也向他们表示由衷的感谢。

最后,因为自己学识浅薄,书中一定有很多谬误之处,还请方家不吝赐教。

李树德

2015 年 11 月 20 日

于廊坊师范学院书枕斋